JN156952

新版

お客をつかむ ウェブ心理学

なぜ、このサイトをクリックしてしまうのか？

川島 康平
KOUHEI KAWASHIMA

同文舘出版

まえがき

結婚しなくても幸せになれるこの時代に、私は、あなたと結婚したいのです

結婚情報誌ゼクシィのCMで流れたこのナレーションは、結婚の多様化という時代性を捉えながらも強いメッセージを残します。

ハンカチ以来パッとしないわね、早稲田さん。ビリギャルって言葉がお似合いよ、慶応さん。

東京六大学野球のポスターで使われたこのコピーは、ウィットに富み、硬派で地味なイメージの大学野球に人々の関心を集めました。

この2つのコピーには共通点があります。

それは、ネットで拡散されたということ。拡散力の強いTwitterが着火点となり、さまざまなメディアで紹介され、それがまたSNSで拡散される。まさに、ソーシャル時代ならではの現象です。広告費に換算すると、いったいどれほどの金額になったことでしょう。

ここ数年、このような拡散を意図的に狙い、奇抜なコンセプトを打ち立ててセールスに繋げるランディングページが私のタイムラインにも流れてくるようになりました。いくつかは業界の誰もが成功事例と認めるほどの売上を叩き出したものもあるようです。

しかし、誤解を恐れずに言うと、そのような施策は博打にすぎません。成功率という数値で考えると、そう捉えざるをえないからです。ゼクシィや東京六大学野球のような知名度のない会社が博打に勝ったとしても、その売上はあくまで瞬間風速。タイムラインに流れる数多の投稿のように、すぐに消え去ってしまいます。

InstagramやTwitterでフォロワー数の多いユーザーに商品紹介を依頼するインフルエンサーマーケティングも同様、ありあまった資金を使った贅沢な施策というならまだしも、中小零細企業が、いの一番に取るべき施策ではありません。

2008年に『お客をつかむウェブ心理学』を世に送り出したとき、私は一介のサラリーマンでした。その後、独立して2018年で10年目を迎えますが、試行錯誤、紆余曲折を経て辿り着いた先にあったものは、やはりウェブ心理学でした。

ネット集客の現場にしぶとく立ち続ける筆者が断言します。

それはWebマーケティングの源流。川面は技術の進歩や流行り廃りでいささか速い流れですが、川底には人の心をつかむ術が力強く流れています。

2018年1月

川島　康平

新版　お客をつかむ　ウェブ心理学

CONTENTS

http://www.com

今日から使えるウェブ効果論 1

お客を導くウェブ**行動論** 2

お客をとりこにするウェブ感情論3

4 お客をつかむウェブ**思考論**

DTP：株式会社　萩原印刷
装丁：齊藤稔
イラスト：つのださとし

Lesson 1

今日から使えるウェブ効果論

NO.1 ハロー効果

東大、京大、一橋。早稲田、慶応、上智――歴史があり、偏差値の高い大学には確固としたブランド価値があります。世に言う一流大学というやつです。

では、初対面の人に開口一番、「私は東大文一の出身です」、「私は早稲田の政経です」なんて言われたら、あなたはどう思いますか?

「自慢気で、いやらしい奴!」という印象はごもっとも。一流大学を卒業しているからといって、必ずしも優秀なビジネスマンというわけではないからです。

とはいえ心の片隅では、「ああ、この人はきっと優秀なんだろうな」と思ってしまうのもまた事実ではないでしょうか。「学歴が通じるのは社会に出てから3年間」という持論もむなしく、「東大文一か……負けた」と。

このような心理現象を「ハロー効果」と言います。

ハロー(Halo)とは、太陽や月の光りが作り出す光輪のことです。

これは、ある特徴によって、他の特徴の評価までが変わってしまう心理現象を指します。

この場合、一流大学出身という特徴によって、その人自身の能力に対する評価が上がったというわけです。

さまざまなビジネスシーンで心理学が巧みに利用される時代。ハロー効果を利用した心理操作術は、日常的に目にする機会があります。

たとえば映画産業。作品が世界的に権威ある賞にノミネートされたとたん、広告で大々的に謳われます。まだ賞を獲得したわけでもないのに、ここぞとばかりに、「A賞8部門ノミネート！」といった具合です。

また、映画の監修も同様です。すべてが当てはまるわけではありませんが、多くの場合、監修といっても映画作りにはノータッチ。監督や俳優にアドバイスするわけでも、撮影現場に来るわけでもありません。

では、なぜ監修が必要なのか？　もうおわかりでしょうが、必要なのは監修者本人ではなく、監修者本人が持つブランド価値なのです。「えっ!?　この映画ってAさんが監修なのか。だったらいい映画なんだろうな」といった心理効果を狙っているわけです。

ここで、日常生活の中で誰でも簡単にハロー効果を活かす方法を教えましょう。

それは「引用」です。

何気ない会話はもちろん、会議や講演といった人前でしゃべる機会に、「A大学のB教授

による と……」といった引用を取り入れてみてください。ハロー効果によって、発言に対する信頼がグッと高まるはずです。

その教授が、メディアでよく見る有名な方ならさらに効果倍増ですが、大学教授というだけでも十分です。大学教授を各分野で活躍する有名人、著名人に置き換えてもいいでしょう。

それでは、ハロー効果をウェブに落とし込んでみましょう。

上場企業や一流企業と違い、中小企業の多くは知名度がありません。知名度というものは、そのまま信頼に直結するものですが、それがないということは、信頼がないということになります。ホームページの訪問者が、「知らない会社だから、ちょっと怖いな」と思ってしまうのも無理もない話です。

そこで、ホームページに提携先企業、パートナー企業の紹介ページを設置し、その中で知名度の高い会社を紹介するのです。これだけで、ページ訪問者に信頼感を与えることができます。

あまり大きな声では言えませんが、知名度や会社の規模によって掲載順を変えるとさらに効果的です。「順不同」としておけば、掲載順位が下位の企業にも角が立つこともありません。

残念ながら、どの提携先企業も知名度が低いのであれば、ひと工夫が必要です。企業のロゴマークや社名だけでなく、その会社の紹介文を書いてあげるのです。

仮に、社員数名の小さな保険代理店であっても、「少数精鋭の営業マンが集まる、大手保険会社Aの代理店」のように書きます。もちろん嘘はNGですが、書き方によって読み手の印象はまったく変わってくるのです。

また、商品に対する「推薦文」も効果的です。権威のある方に、あなたの商品の推薦文を書いてもらってください。推薦者の写真、肩書き、推薦文による猛烈プッシュが、購入を迷っているお客さんの背中をポンとひと押ししてくれるはずです。

新聞や雑誌といった紙媒体の広告でも多く取り入れられているこの手法を、ホームページに活かさない手はありません。

このように、ハロー効果を戦略的に取り入れることで、「ある特徴」があなたの会社、商品、サービスに七色の光を当ててくれるのです。

NO.2 バンドワゴン効果

ラーメン激戦区と聞いて思い出すのが、札幌、池袋、博多といった地域。激戦区と呼ばれるだけあって、そのエリアには何十、何百ものラーメン屋が軒を連ねていますが、あなたが食べる1軒はどのような基準で選びますか？

ガイドブックの写真や紹介記事。観光案内所で聞いたお勧めの店。食べログで評価3・5以上の店。テレビで頻繁に取り上げられる有名店……人それぞれだと思います。

しかし、お目当ての店が昼時にもかかわらず閑古鳥が鳴いていたら、軒先で二の足を踏んでしまうのが普通です。別の店の長い行列が目に飛び込んできたら、その最後尾に並んでしまうのではないでしょうか。

このように、多数に人気のあるもの、支持されているものに心惹かれる現象を「バンドワゴン効果」と言います。ちなみにバンドワゴンとは、パレードの楽団車のことです。

新装開店のラーメン屋が、友人に頼んだりアルバイトを雇って行列を作る「さくら作戦」もバンドワゴン効果を狙ってのことです。「人が人を呼ぶ」、「行列が行列を作る」のを狙っているのです。

IT業界、特にSNS（ソーシャル・ネットワーキング・サービス）において、この傾向は顕著です。いかに機能やUI（ユーザーインターフェース）が優れていたとしても、利用者が少ないSNSは自然淘汰される運命にあります。

日本で最も利用者数が多い「LINE」（6，800万人）ですが、リリース当初はDeNAの「comm」やGREEの「Tellit」とCM乱発のユーザー獲得合戦を繰り広げました。

しかし、市場の予想よりも早い段階でDeNAとGREEはサービスの縮小、閉鎖を発表することになります。見事な経営判断という見方もありますが、「先行逃げきり」が失敗したという判断からなのでしょう。

1位と2位の差は、2位と100位の差よりも大きいと言われています。

日本一高い山は富士山（3，776m）だと誰もが知っていますが、2位の北岳（3，193m）はあまり知られていないこともそれを裏づけています。

それでは、バンドワゴン効果をウェブに落とし込んでみましょう。

MAU（マンスリーアクティブユーザー）が17億人を越え、世界最大のSNSとして君臨するFacebookは個人だけではなく、企業でも広く活用されています。会社用にFa ｃｅｂｏｏｋページを作って情報発信したり、コメント欄やメッセージを使って交流したり。また、Ｆａｃｅｂｏｏｋが提供している無料のプラグインを使えば、簡単にホームページにタイムラインを貼り付けることができます。

複数の店舗を持つ飲食店やヘアサロン等の場合、店舗ごとにＦａｃｅｂｏｏｋページを運営するケースも珍しくありません。30～40代以上の利用者が多いという特性もあり、Ｆａｃｅｂｏｏｋは企業活動においても重要なＳＮＳとなっています。

また、世界的に新規ユーザーの獲得やマネタイズ（収益化）に苦戦してはいますが、Ｔｗｉｔｔｅｒはまだまだ若年層を中心に人気のあるＳＮＳです。東日本大震災の時に安否確認や情報収集に役立ったという経験も、災害の多い日本で根強く利用されている理由の１つかもしれませんね。

ただし、Ｆａｃｅｂｏｏｋページの「いいね！」があまりにも少ないようであれば注意が必要です。ホームページの訪問者がＦａｃｅｂｏｏｋページを見て、「あれ？ いいね！が10しかない。きっと人気のない会社なんだろうな」と思ってしまうのは当然の流れです。

もちろん見かけや印象だけの問題ではなく、「いいね！」が少ないままでは、せっかくの投稿もほとんど人目に付かないという悲しい状況が続くことになります。投稿するモチベーションが消え失せてしまうのも時間の問題です。

投稿自体が拡散され自然発生的に「いいね！」が増えたり、ホームページ訪問者が「この会社、ちょっと気になるな」ということでポチポチ押してくれるのがベストパターンですが、現実的にはなかなか難しいようです。

であれば、当初の数百～数千いいね！まではFacebook広告を利用して集めてしまうという選択肢もあります。頭と時間を使って書き上げた投稿も、ある程度の露出がなければ拡散も期待薄。

「小さなヘアサロンなのに、こんなにいいね！が付いているってことは、きっと人気があるんだろうな」

と思わせれば勝ちというわけです。

「人気の演出」。

これが、バンドワゴン効果を活かしたサイトづくりの真髄です。

NO. 3

シャルパンティエ効果

突然ですが、〝15kgのダンベル〟と〝15kgのダンボール〟を持ち上げる場面を、それぞれイメージしてみてください。どちらが軽く感じるでしょうか。

ズバリ、ダンボールのほうが軽いとイメージしたはずです。

これは、「シャルパンティエ効果」という心理現象によるものです。同じ重さのものは、大きいもののほうが軽く感じられる現象を、そのように呼びます。ダンボールより大きなダンベルを想像した変わり者でなければ、当てはまったのではないでしょうか。

軽量を売りにした商品の広告では、シャルパンティエ効果を取り入れたものをよく見かけます。

たとえば、世界最軽量を謳う商品の広告で利用される、同じ重さの分銅と秤（はかり）にかけた写真。もちろん秤は水平なので、分銅より明らかに大きな商品が同じ重さであることは一目瞭然です。その結果、商品の軽さが際立つというわけです。

シャルパンティエ効果は大きさと重さの話ですが、ここでは「比較」を用いた面白い表現手法をいくつか紹介したいと思います。

大規模なニュータウン開発の広告で、敷地面積を「東京ドーム何個分」のように表現することがあります。別に東京ドームの面積なんて知らなくても、「そんなに広いのか」と感じます。

よく考えてみると、それは東京ドームのグランドの広さなのか、敷地全体の広さなのか非常に曖昧な話ですが、とにかく広いことがアピールできれば成功というわけです。

一方、商品を小さく見せたい場合によく使われるのがタバコです。これを商品の横に並べます。タバコのケースはたいてい同じサイズなので、誰でも感覚的にサイズがわかるのが採用の理由です。

タバコと同じように、日常的に目に触れるということで、硬貨や紙幣も大きさの比較に用いられるアイテムです。とくに、1円玉=1グラムということは広く知られているため、重さの比較にはもってこいです。

たかの由梨さんがエステ業界に革命を起こしたのは、たった2枚の写真でした。ダイエット前の太った写真と、スッキリ細身になった写真：ニキビ顔の写真とお肌ツルツルの写真の対比です。

今でこそ広告表現に規制が入っていますが、美容関連の広告で常套手段となった、使用前、使用後の写真は比較広告の代表として、他業種も含めて後の広告制作に大きな影響を与えました。

つまり、価格や燃費のような数値はもちろん、商品の効果のように数値化がむずかしいものであっても、工夫しだいで比較を目に見せることができるのです。

それでは、シャルパンティエ効果をウェブに落とし込んでみましょう。

株式会社ネセサリーが提供する「中小ＩＴ企業が知らないともったいない補助金・助成金丸わかり研究会」のＬＰ（ランディングページ）には、参加するメリットを上手にまとめたコンテンツがあります。

研究会の名称も長いのですが、縦にズラッと長いページを見てきた方の背中を一押しするために、「最後に1つだけ質問です。あなたはどちらの社長になりたいですか?」ということで、助成金を知らない自力社長と助成金を活用する社長の比較表を掲載しています。助成金を上手に活用することで、労働環境や資金繰り、新規採用といった7つの項目がどれだけ違ってくるかを誰でもわかる言葉でまとめています。

例えば、中小企業にとって重要な「新規採用」。自力社長は「自力なので、コストが重く、腰も重い」。一方、助成金社長は「助成金活用でリスクヘッジ。積極的に採用。腰が軽い」のような具合です。極端と言えば極端ですが、悩みを抱えている社長さんには、このような

最後に1つだけ質問です。
あなたはどちらの社長に
なりたいですか?
自力社長
VS
助成金社長
自力のため、社員不満足度高
労働環境
助成金活用により、労働環境向上。社員満足度高
入ってこない。社長仲間の噂は聞くが、よくわからない
助成金の情報
常に新しい情報が入り、自社に合うものを活用
自力で頑張るが、要件整理と、書類作成、行政との交渉が重く、通常業務に追われて断念
助成金申請作業
専門家と担当者に任せて、自分は決済と捺印だけ
自力なので大変
資金繰り
助成金により、売り上げ以外に利益の底上げがあって楽
自力なので、資金調達が重く、腰も重い
新規事業
助成金活用で、新規事業も積極的に腰が軽い
自力なので、コストが重く、腰も重い
新規採用
助成金活用でリスクヘッジ。積極的に採用。腰が軽い
なかなか投資できず、自力で教育。ワンマンになりがち
社員教育
助成金活用で、研修費を創出。外部機関の教育を取り入れ、業務効率向上。

中小 IT 企業が知らないともったいない補助金・助成金丸わかり研究会／ NECESSER
http://necesser.co.jp/lp/

ストレートな表現が効くのです。

ポイントは、訪問者がそのサービスを受けることで何がどう変わるかを、わかりやすく瞬時に伝えること。商品のモデルチェンジやバージョンアップであれば、前のバージョンとどこがどう変わったかを、すぐに理解してもらうかということです。

シャルパンティエ効果に学ぶ比較のテクニックは、あなたの商品にも必ず応用できるはずです。

NO.4 吊橋効果

ハリウッドのド派手なアクション映画では、主人公のパートナーは美女が定番です。最初は敵対し合っていた2人が、幾多の危機をともに乗り越えていくなかで、いつしか恋人関係になっていくというパターンも定番です。

ときには、緊迫したアクションシーンの中でラブラブモードに突入することもあり、違う意味でドキドキハラハラすることもあります。

でも、映画を見た人がそんな関係をすんなり受け入れてしまうのにも、実は理由があるのです。

それは、「吊橋効果」を本能で理解しているからです。

吊橋効果とは、危険や苦難をともに経験することで、連帯感や恋愛感情が生まれるという心理現象です。これが、主人公とヒロインが恋人関係になることに違和感を感じない理由です。

自動車教習所の教官は、生徒と結婚するケースが少なくないそうです。仮免許取得後の路

上教習なんて、同乗する教官にしてみれば危険そのもので、吊橋を2人で渡っているようなものです。また生徒にしても、教官はともに苦難を乗り越える主人公のような存在ですから、恋愛感情が生まれても不思議ではありません。

吊橋効果は、ここまでの例のように、吊橋を渡る当事者同士でなくても成り立ちます。

雑誌の記事広告には、その商品が生まれるまでの苦労話や倒産の危機から成功までを書き綴ったインタビューが多いようです。読者は、社長の苦労と自分の苦労を重ね合わせ、吊橋効果のような連帯感、親近感を持ってくれると思っているからこそ、そのような話を公開するのです。

スーパーの野菜売場で、ポップに生産者の顔や産地を載せる手法は、いまやすっかり定着しましたが、ここにも吊橋効果を落とし込むことができます。

つまり、生産者の苦労や今年の野菜作りでたいへんだったこと、そして、それをどう乗り越えたかをアピールするわけです。

「巨大台風18号を生産者川島さんと乗り越えた大根です!」

「無農薬栽培、最大の試練『青虫』から寝ずに守ったキャベツです!」

こんなキャッチコピーはいかがでしょうか?

「無農薬栽培、遺伝子組み換え一切なしのキャベツです!」

このように、商品自慢、技術自慢だけのキャッチコピーよりもずっと親近感が湧くのではないでしょうか。

それでは、吊橋効果をウェブに落とし込んでみましょう。

手っ取り早いのはプロフィールです。ブログであれば管理人のプロフィール、ホームページであれば社長や社員のプロフィールを掲載します。プロフィールは、ウェブ上で信頼を得たいなら必須のコンテンツです。

恒信印刷株式会社のホームページには、吉田和彦社長のプロフィールが掲載されていますが、これがすごくよくできています。研究員時代の話から二代目として会社を継いだ後の大病経験まで、読むも涙の大作プロフィールとなっています。

このホームページは、SEO対策の成功事例として多くのメディアに取り上げられていますが、ホームページからの受注が絶えない理由は、実はこんなところに秘密が隠されているのです。

「実るほど頭を垂れる稲穂かな」という俳句ではありませんが、成功している方ほど、そのような姿勢を見せることが大切なのです。エリート街道まっしぐらの経歴もいいですが、紆余曲折を経た後の成功であるほど、より多くの人の共感を呼びます。

電話にしろメールにしろ、問い合わせするという行動には精神的な壁があります。その壁

「今の仕事をはじめた頃、血尿、血便、目が見えなくなった・・・」


私は２代目社長なので、創業された方や起業された方はすごいと思います。

自分だったらできたかな？と思うこともあります。

２代目の方は事業を引き継いだのですんなり社長になった方もいると思いますが意外とみなさん苦労されているのではないかと思います。私も今の会社に入った頃は今思うと、ちょっとは大変だったのかなあと思い出します。


１９９２年、前社長の次女をお嫁にもらいました。

前社長は娘が２人だったため私が会社を引き継ぐことになり、６年間勤めた画材メーカーをやめて今の会社に入りました。

入った当初、印刷のことなど全く分からず、要領もつかめないので、労働時間の長さでカバーするしかなかったです。

会社もまだ今の半分くらいの１０数人でシステムも何もなく、やる気だけはあった私がなんでもやりました。

朝突然こなくなる職人さんの変わりに印刷機を動かしたり、昼間は事務仕事があるのでトラックで印刷物を運ぶのは夜中。

念のため大型免許をとっていたので４トン車で運搬もしてました。

私が会社に入り、工場や倉庫を買って一気に規模が大きくなったのはうれしいのですが、バブルがはじけ仕事がついていかないため返済がきつい。

機械が増えたので人を増やすために、やったこともない面接をして、変な人入れて逆に苦労したり。

やっぱりまた自分が機械を動かすことに。

毎日夜遅いので結婚してアパートに住んだのですが、子供が生まれるまでは水道、電気、ガスは最低の基本料金しか払ったことがありません。

休みも年間で数日だったのでほとんど家にいないのです。

恒信印刷株式会社　　http://www.ko-sin.co.jp/

を崩すには、信頼や安心感を獲得しなければなりません。

ホームページというデジタルの中に、人間性や人間臭さというアナログ的な要素を加えることによって、訪問者はコンタクトを取りやすくなります。

また、リアルの場で会ったときにも、初対面とは思えないほど話がスムーズに進むという効果も期待できます。

吊橋を渡っているような揺れる心をつかまえるには、吊り橋を押さえるのではなく、一緒に渡ってあげるのが一番です。それは、まずあなたから歩み寄ることからはじまるのです。

NO. 5 フォールス・コンセンサス

『秘密のケンミンＳＨＯＷ』（日本テレビ系列）は、毎週、全国各地の変わった習慣を紹介してくれる面白い番組ですが、なかには、にわかに信じがたい習慣もあります。

「青森県民はせんべいを天ぷらにする」、「島根県民は法事の引出物にアンパンを配る」、「沖縄県民はケンタッキーをごはんのおかずにする」などなど。その土地に住んでない人にとってみれば、あり得ない習慣ですが、その地方の方々にとってみれば、ごく自然な習慣なのです。

人間は、自分の考えや意見、行動は普通で、みんなが自分と同じ考えや意見を持ち、同じ行動をとると思いがちです。これを心理学では「フォールス・コンセンサス」と言います。

フォールス・コンセンサスは、良好なコミュニケーションを築くうえでとても重要です。人間はそれぞれ違った価値観を持っているということを認識しなくてはなりません。

とくに、付き合いが長くなるほど、相手は自分と同じ考えを持っていると思いがちですが、それはあなたの勘違いです。一緒に生活すれば、多少価値観が似てくることもあるでしょうが、しょせん他人は他人。お互いの気持ちを尊重する気持ちが大切なのです。

空気が読めない人のことを〝KY〟などと呼びますが、フォールス・コンセンサスこそ、〝KY〟になってしまう原因のひとつです。

しかし、フォールス・コンセンサスは広告で活かすことができます。

広告を見る人は、自分の価値観に照らし合わせたうえで、買うか買わないかを決めますが、それはあくまでも自分の判断基準です。では、そこに他人の価値観から生じる評価があったらどうでしょうか。

よく見かけるのがアンケート結果です。「この商品を選んだ理由」を円グラフとともに掲載するパターンです。

Q＝この基礎化粧品を選んだ理由は？

A＝使い心地がいい（40％）、安全（22％）、美容効果が高い（20％）、価格が安い（10％）、デザイン（5％）、その他（3％）

具体的な数値を入れたアンケート結果を掲載することによって、第三者の価値観を訪問者に見てもらうことができます。

それでは、フォールス・コンセンサルをウェブに落とし込んでみましょう。

アンケート結果も有効ですが、いくらでも紙面のとれるホームページの特性を活かすなら、「お客様の声」の掲載がお勧めです。

お客様の声は業種、業態によってさまざまな取得方法がありますが、押さえておきたいポイントは三つあります。

ひとつ目は、いただいた声を広告や宣伝目的で利用してもいいか、掲載許可を取ること。名前を出して掲載ＯＫ。イニシャルなら掲載ＯＫ。掲載はＮＧ。この三つから選んでもらってください。

二つ目は、表現を変えることへの許可。アンケートの中には、日本語としておかしなものもあります。それを企業側で変えることがあると、あらかじめ伝えておくのです。

最後は、会社名や職業、肩書きを書く欄を作っておくこと。声と一緒に、それらを掲載することで信憑性が高まるからです。

お客様の声が集まったら、それをホームページに掲載します。商品の紹介ページに挿入したり声だけを集めたページを作成して、キラーコンテンツとして使うなど、用途はさまざまです。

しかし、お客様の声の掲載は、使い古された手法であることは否めません。そもそも、文章化された声はいくらでも改ざんできるため、どうしても信憑性に欠けがちです。

他にも、アンケート用紙をスキャンしてそのまま掲載したり、顔写真を貼り付けたり、動画を活用したり、さまざまなお客様の声の見せ方が編み出されています。

相続税の申告サービスを提供する「相続税申告のツチヤ」のホームページには、これでもか！というほど多くのお客様の声が掲載されています。競合となる税理士のホームページを見ても、これだけの数を揃えているところを見たことがありません。

掲載内容は見出し（メッセージからピックアップ）、手書きで書かれた「お客様の声シート」のキャプチャー、手書きの声をテキスト化したもの、イニシャル・年代とオーソドックスですが、60を超える数はやはりインパクトがあります。当然、他の税理士事務所との差別化にも一役買っているわけです。

ただし、真摯にお客様に対応した結果が、素晴らしい声に繋がるということは絶対に忘れないでください。このホームページに掲載されている声は、ホームページ更新時に制作担当者の目頭が熱くなるような内容のものばかり。同じ悩みを抱えた訪問者が読めばなおさらでしょう。

「お客様の声なんて、効果がない」という考えをお持ちの方も、これを機会にぜひトライしてみてください。

NO. 6 スリーパー効果

あなたは占いを信じますか？

信じる人と、一切信じない人が極端にわかれるジャンルですが、ふだん占いをまったく信じない人でも、「今日のラッキーカラーは青だったな」とか、「今年は大殺界だから、引越しは止めておくか」といったように、ふと占いの結果を思い出すことがあると思います。

これは、心理学で言う「スリーパー効果」が働いているからです。

最初は、発言者や発言内容の信憑性が影響するが、時間が経つにつれて発言の内容だけが影響してくる――つまり、信憑性と内容が時間の経過とともに分離していくという心理現象です。

占いの場合、最初はまったく信じていなかったのに、時間が経つに連れて占いの結果だけが心に残ったということになります。

ジャパネットたかたを代表とするテレビショッピングは、大げさな表現や演出がアダとなって、怪しさ爆発なものがけっこうあります。どう見てもスタジオにはお客さんがいないのに、「え〜っ⁉　すご〜い！」なんていう、おばちゃんの声が挿入されたりすると、購入意欲半減です。

テレビショッピングの場合、放映中が一番売れ、徐々に購入者が減っていきますが、ある程度時間が経過した後に購入者が増えることがあるそうです。

まったく信憑性のない、怪しいおばちゃんの声と「すごい！」、「お得！」という言葉が分離されてしまうのが、その理由です。

これは、新人の営業マンにとっても心強く、ぜひ覚えておきたい心理現象です。経験の浅い新人にとって、お客様から信頼を得るのはなかなかむずかしいものです。ベテランとはキャリアが違うため当然です。

そもそも営業の最高の形とは、その場でお客様の信頼を得て、その場でクローズすることです。「鉄は熱いうちに打て」というわけです。

とはいえ、お客様もあの手この手のセールストークに慣れている昨今、ベテランといえども、その場でクローズさせることは至難の業です。

そこでこのスリーパー効果。どうせ信憑性がないのであれば、そこは割り切って、クロージングを狙うのではなく商品の利点、お得感を伝えることに集中するのです。

そして、信憑性と発言内容が分離する数日後にあらためて接触し、ここではじめてクロージングを狙って契約を取るのです。

それでは、スリーパー効果をウェブに落とし込んでみましょう。

まず言えることは、小さな会社が大企業のホームページを真似ては駄目ということです。大企業のホームページは、商品情報や会社情報をシンプルにまとめたものが多いのですが、これは信頼されるだけの知名度があってこその作り方なのです。

新人営業マン同様、小さな会社が信頼で大企業に勝ることは非常に困難です。もうおわかりかと思いますが、小さな会社には小さな会社ならではのホームページの作り方があるのです。

当社コーポレートサイトの「ネット集客ＢＩＧ４」の一覧ページには、

「人材サービス業：リクナビ・アデコに負けない戦い方がある」

「税理士事務所：地方でも相続税申告はガラ空きです」

「審美・矯正歯科：狙った客層を呼び込むワザをご覧あれ」

「設計事務所：ネットで受注の黄金法則、確立済み」

といったように、コアターゲットとして選んだ業種ごとにキャッチコピーを付けています。少し大げさな表現なので首をかしげる方もいるかもしれませんが、実はこれぐらいがちょうどいい塩梅なのです。時間が経つにつれてスリーパー効果が働き、「本当かよ?」という疑問が、「そうなんだ」という確信に変わっていくのです。

仮にこれが、

「大手の人材サービスに負けません」

「相続税申告の集客をします」

「欲しい患者を集めます」

「ネットで受注できます」

という表現では、いくら時間が経とうが訪問者の心には響きません。むしろ、すぐに忘れ去られてしまいます。

でも、勘違いしないでください。書けば何でも信じてくれるようになるわけではありません。少し誇張したり、一般的なコーポレートサイトでは使わないフレーズを意図的に用いることがポイントです。

もっと大切なのは、堂々と胸を張って「言い切る」こと。これが巡り巡って、売上向上へと結びついていくのです。

NO.7 プラシーボ効果

「偽薬」という言葉をごぞんじでしょうか？

ある医師が、「この薬はとても効きますよ」と言って患者に手渡した錠剤。実は、何の効用もないものなのに、病気が快方に向かったという症例がいくつもあります。

この偽りの薬が偽薬。信じられないかもしれませんが、偽薬は家族の同意を得た上で現在でも使われることがあるそうです。

有効成分が一切入っていない薬でも、患者に精神的な安心をもたらすことで、症状が好転することを期待しているのです。

このような現象を「プラシーボ効果」と言います。プラシーボとは、ラテン語で「喜ばせる」という意味で、一種の暗示のようなものです。

さまざまな臨床実験の結果、ストレスや精神的なものからくる不眠や痛み、吐き気に対して、とくに効果が見られるそうです。また、治療法のない患者に対して処方されることもあるようです。

「病は気から」という諺もあるように、まったく効果がないとも言い切れません。「この薬は効く」、「病気が治る」という思い込みが、人間が本来持つ治癒力に力を与えているのではないでしょうか。

何ごともプラス思考がいいとされるのも、潜在意識や思い込みから行動や態度が変わり、結果的によい影響が出ることによるのかもしれません。

同じ育毛剤をつけるにしても、「これは効きそうだ！」と思っている人と、「本当に効くのかなぁ？」と思っている人では効果が違ってきそうです。毛根が七色に光ったり、毛がド迫力で直立したり、育毛剤のＣＭにはド派手な演出なものが多いのも頷けます。

要するに、商品の提供側としては、消費者がプラスの心理になるように仕向けなければならないということです。育毛剤もそうですが、医薬品のＣＭにはそのような工夫が詰まっています。

パターンとしては、大きく二つあります。ひとつは、ＣＧ（コンピューターグラフィック）をふんだんに使って視覚的に訴えるもの。喉にはり付いたバイ菌が飛び散ったり、風邪で出た熱を色で表現し、オレンジからブルーに変わるものなどがそれです。

もうひとつはファミリーもの。母親が子供を心配したり、その逆といったパターンです。定番なので、すぐに思い出せたのではないでしょうか。

薬機法の関係で、「治る」という表現が使えない厳しい業界だからこそ、このテクニックには学ぶ価値があります。

それでは、「プラシーボ効果」をウェブに落とし込んでみましょう。

偽薬と言っても、もちろん偽は駄目。商品の見せ方を工夫して、訪問者を暗示にかけてください。

Google や Yahoo! が提供するリスティング広告は、クリック課金で少額でも配信できるため、今では地域や会社の規模を問わず多くの会社に利用されています。大きく分類すると、検索結果に出す広告、提携しているホームページやブログ、アプリ等に出すディスプレイ広告の2種類があります。

後者は商品・サービスのポイントをまとめたイメージ広告（画像）や画像とテキストで構成されたレスポンシブ広告もありますが、短い文章で勝負するテキスト広告もリスティング広告の成果を大きく左右する重要な要素です。

ところが、1クリック何百円、何千円もかかる激戦と言われるキーワードで検索してみても、似たり寄ったりの広告文が並ぶのが悲しい現実です。ありがちなパターンとしては、

そのまま系「〇〇ウォーターサーバー」

公式系「公式〇〇ウォーターサーバー」

なら系「ウォーターサーバーなら○○」

少しでも広告をかじったことがある人からすると、失礼ながら笑いが止まらない文言がズラズラと。テキスト広告は見出しと広告文等で構成されるため、実際にはもっと文字数は多いのですが、それにしても創意工夫が感じられません。

テキスト広告に100％正解というものはありませんが、少なくとも「競合の広告に埋もれない表現」、「キーワード（を検索する人のニーズ）によって広告文を書き分ける」の2点は気に留めておきたいものです。

埋もれない広告文を開発するには、【特集】や【NEW】のようなアイキャッチを入れる。ひらがな、カタカナ、漢字、数字をバランスよく配置する。「見た目だけのダイエットで良い人、手をあげて」のように口語体にする。このような工夫がいろいろ考えられます。会社のブランドに傷をつけるような表現はご法度ですが、試す価値は十分にあります。

プラシーボ効果が偽薬で患者を助けるものなら、ウェブでのプラシーボ効果は、表現でお客様に夢を与えるものです。商品価値に自信があるなら、どんどん夢を分け与えてあげてください。

NO.8 初頭効果

ファーストインプレッション。つまり、人の第一印象はとても重要です。表情、態度、髪型、服装、姿勢等、要素はいくつもありますが、人の印象というものは最初の1～7秒で決まると言われています。そして、いったんできたイメージを覆すのは容易なことではありません。

海外の大物政治家には、優秀なイメージコンサルタントがついています。その人を引き立たせるパーソナルカラーや演説内容に合ったスーツやシャツを選択。ＴＰＯに応じたイメージアップのアドバイスにより、大衆の心を惹きつけることに力を注いでいます。

アメリカの元ブッシュ大統領は専属のイメージコンサルタントをつけており、ディベートの場では赤（勝負の色）のネクタイ、釈明会見ではブルー（清廉潔白の色）のネクタイを締めるという話は有名です。

第一印象の重要性については、「初頭効果」という心理現象で説明がつきます。

初頭効果とは、人や物に対するイメージ形成は、初期に得た情報をもとに行なわれるとい

う現象のことです。また、人の記憶においても、初期に提示されたものの再生率が高いことも初頭効果によるものです。

試しに、次の単語を記憶してみてください。

いちご、スイカ、メロン、ぶどう、パイナップル、グレープフルーツ、オレンジ、さくらんぼ、パパイヤ、レモン。

では、それを口に出してみてください。

いかがでしょう？　いちごからパイナップルくらいまではすんなり言えても、徐々に記憶が曖昧になっていくことに気づくはずです。

裏を返せば、何か暗記したいときには、毎回同じ順番では覚えにくいということになります。時折、順序を変えたほうが効率的ということです。

あなたの友人を紹介するときにも初頭効果を意識してあげてください。

「Aさんは短気で面倒くさがりやだけど、優しくて頼りになる人なんだ」

「Aさんは優しくて頼りになる人なんだ。短気で面倒くさがりな所もあるけど」

この二つの紹介例は同じ特徴を言っているわけですが、相手が受ける印象は明らかに後者のほうがよくなるはずです。

初頭効果は、広告制作の現場でも強く意識されています。ひとつがキャッチコピー。広告で一番めだつ文章です。

　たった数文字から数行のコピーを作るために、大金をはたいてコピーライターに依頼し、何種類もの候補を挙げて検討するのも当然の話なのです。キャッチコピーで広告の第一印象が決まるし、後に続く情報も影響されるからです。

　それでは、「初頭効果」をウェブに落とし込んでみましょう。

　ポイントは、やはり「見出し」です。雑誌や書籍には、大見出し、中見出し、小見出しとありますが、それらはホームページでも大切になってきます。そのページで一番伝えたいことを意識した見出しにすることで、訪問者の脳へアピールするのです。

　弊社のオウンドメディア「ココ街」も当然ながらタイトルと見出しを意識した作りになっています。

　例えば、「意外と知らないＴｗｉｔｔｅｒの裏ワザ検索。使いこなせばかなり便利！」というタイトル（大見出し）の記事では、「検索エンジンでも使える3つの裏ワザ検索」や「Ｔｗｉｔｔｅｒ特有の5つの裏ワザ検索」等、いくつも中見出しがあり、それらの中に「ツイートの投稿元を指定する」といった小見出しを入れ込む雑誌のような構成になっています。

　見出しはホームページを構成するＨＴＭＬという言語でも、<H1>や<H2>のように専用の書き方（タグ）が用意されています。

見出しタグを一切使わないホームページをよく見かけますが、これはＮＧです。ＨＴＭＬという言語には、段落には段落用のタグ、改行には改行用のタグ、箇条書きには、箇条書き用のタグといったように、文章構造を明確にする用意がされているのです。

それぞれの役割を理解してタグを使うことで、ＳＥＯ対策にもなります。ＳＥＯ対策とは、Yahoo! や Google などの検索サイトで、検索結果の上位に表示させるテクニックの総称です。

専門的なＳＥＯ対策ノウハウは他の書籍にお任せしますが、ＳＥＯ対策の王道のひとつは、正しいＨＴＭＬを使うという点は誰もが認めるところです。なかでも、見出しタグは重要な要素のひとつなので、この機会に見直してみてはいかがでしょうか？

酒屋のホームページで、「絞り出し原酒が喜ばれる五つの理由」のように、商品の売りを列記する際には、アピールしたい順番に書いてみてください。理由は、もうおわかりですよね。

初頭効果は日常生活からビジネスシーン、ホームページまで幅広く活用することができます。同じ内容であっても、伝える順序で印象が変わるということを、はじめから頭に入れておきましょう。

No. 9

親近効果

セルフ式のガソリンスタンドが増えてきましたが、どうにも味気ないと思うのは私だけでしょうか？

人件費削減に価格競争。セルフ式を採用する理由は十分理解できますが、「レギュラー満タンね」からはじまる、店員さんとのちょっとしたコミュニケーションが消えてしまうのは寂しい限りです。

とはいえ、窓拭きや精算をテキパキこなしてもらっても、最後の挨拶の印象が悪いと肩透かしをくらったように、とても心象が悪くなります。

これは、心理学で言う「親近効果」が働くからです。

親近効果とは、最後に提示された情報が強く記憶に残ったり、判断の直前に出された情報に強く影響されるという心理現象です。

「プロが選ぶ日本のホテル・旅館１００選」で36年連続1位を獲得した加賀屋（石川県・和倉温泉）の接客には目を見張るものがあります。団体客はもちろん、一人旅のお客様であっ

てもスタッフ総出で出迎え、専任の接客係が部屋まで荷物を運んでくれるそうです。

しかし、加賀屋の凄さは「お見送り」にあります。

何と、専任の接客係が帰りの電車の中まで荷物を運んでくれるのです。旅館の外でも駅の前でもなく、電車の中まででです。親近効果による顧客満足度アップは計り知れません。

他にも、お客様本位のすばらしい接客術は紹介しきれないほどあるのですが、最後の最後まで一切の妥協をしないところに「日本一の旅館」と言われる所以があるのではないでしょうか。

では、初期に提示された情報に強く影響されるとする「初頭効果」と、直前に提示された情報に強く影響されるとする「親近効果」。この二つをどのように使い分ければいいのかをセールストークの中で考えてみましょう。

一般的に、相手の関心が低い場合には先に目玉情報を出して初頭効果を狙い、関心が高い場合には目玉情報は最後までとっておくほうが効果的と言われています。

関心の低い場合、まずは関心を持たせなければならないし、関心が高い場合は最後の目玉情報でダメ押しするというイメージでしょうか。

目玉情報が複数ある場合には、プライオリティ（優先順位）をつけて順序を変えるといった工夫が重要です。これは、セールストークだけでなく、接客やプレゼンテーションの場にも応用できるテクニックです。

それでは、親近効果をウェブに落とし込んでみましょう。

繰り返しになりますが、親近効果とは判断の直前の情報に強く影響を受ける心理現象です。商品の紹介ページにもセールストークの流れを取り込み、判断の直前にスパイスを効かせてみましょう。

歯科向けに医院経営の研修を行うＤＢＡ（DENTAL BUSINESS ACADEMY）のＬＰは、「歯科医院経営に必要な12の分野を体系的に学ぶ」というキャッチコピーで始まります。その後、プロモーション動画や講義概要等を挟み、最後の方に主催者である園延昌志先生からのメッセージを設置しました。

弊社がＬＰを作る場合、社長ご自身や商品開発責任者のメッセージを設置することが多いのですが、ＣＶ（コンバージョン）となる入力フォームの直前に配置することがあります。これも親近効果を狙ってのこと。

また、ＬＰやホームページのコンテンツについてはライティングを代行することもありますが、メッセージは必ず本人に書いてもらうようにしています。代筆では絶対に出ない熱い想いや温度がそこに乗り移るからです。書き慣れていないという方でも、脳ミソに汗をかいてもらっています。

ＤＢＡから一部抜粋すると、「はじめにお伝えしておきますが、楽ではありません」「実行するのはあなたです。そして、自分の信じた道を歩むことは、とても幸せなんです」

いかがですか？　一見、とても臭いフレーズに聞こえますが、院長同士であればクリニック経営の夢や苦労を共感し合える。それが伝わるフレーズなのだと思います。そのせいもあってか、歯科経営コースは無事に満員御礼となりました。

ホームページというデジタルワールドの中に自身の言葉を加えることで、ＳＮＳやＬＩＮＥ時代に重宝されているハガキと同様の効果が狙えるのです。

「終わりよければすべてよし」

というわけではありませんが、駅まで荷物を運ぶことができない代わりに、感謝の気持ちをどう表現するか。あなたが、ホームページ上でできることを考えてみてください。

NO.10 ストループ効果

青色で書かれた、赤という文字。赤色で書かれた、黄という文字。緑色で書かれた、青という文字。

そんな文字列を口に出して読んでいくという実験があります。有名な実験なので、ごぞんじの方も多いのではないでしょうか。

残念ながら、白黒の紙面では再現できないので、ノートと4色ボールペンを利用してお試しください。

いかがでしょう? なかなかむずかしいですよね。赤という文字を青と読んでしまったり、黄という文字を緑と読んでしまったり。一見簡単そうに見えますが、色の情報が邪魔をして、すんなり「赤」を「あか」と呼べないはずです。

このように、同時に目に入る情報が干渉し合う現象を、発見者の名前をとって「ストループ効果」と言います。色情報と文字情報が脳内で葛藤を起こすことが、この混乱の原因なのです。

ちなみに、同じ実験を「視力テスト」として紹介していたテレビ番組がありましたが、これは明らかに間違いです。番組制作者が、混乱していたとしか思えません。

それでは、「ストループ効果」をウェブに落とし込んでみましょう。

ホームページには、文字、画像、写真、動画、音声といったさまざまな方法で情報を載せることができます。

では、あなたのホームページを見て、これらの情報に整合性があるか、自信はあるでしょうか？

整合性という言葉ではピンとこない方もいると思いますが、たとえば、文字で「当美容院は、たくさんのお客様にお越しいただいています」と書いているにもかかわらず、掲載されている写真は誰も写っていない店舗の写真だけ。

「和気あいあいとした雰囲気の職場です」と書いているのに、一人黙々と机に向かって仕事をしている写真しかない求人情報のページ。

「大自然に囲まれた静かな環境の中で、身も心もリフレッシュ！」と書いているのに、修学旅行生や宴会の模様を撮った、にぎやかな写真しかない旅館のホームページ。

これでは、文字情報と写真に整合性がありません。

たくさんのお客様にお越しいただいている美容院なら、にぎわいのある満席の写真。和気あいあいの職場なら、社員全員が笑顔の集合写真。静かな環境の旅館なら、一人落ち着いた表情で温泉に浸かっている写真。

いくら売り文句を文章にしても、ともに掲載する写真が、それを裏づけるものでなければまったくの逆効果となります。青色で書かれた、赤という文字にすぎないのです。

では、旅館のホームページを例に、ストループ効果をもっと有効に使ってみましょう。先ほども例に出した、静かな環境の旅館をあなたがプロデュースするとしたら、どんな写真を掲載しますか。

旅館全景をちょっと引き気味にして、背後に見える山や森まで収めた写真はいかがでしょうか。静けさを表現するアイテムとして、庭の鹿おどしや和室の壁にかけられた巻物をポイントで使ってもいいかもしれません。人を載せるなら、学生や親子連れではなく、着物姿の女性のほうがいいでしょう。

人間が持つ五感のうち、ホームページで直接訴えられるものは、残念ながら「視覚」、「聴覚」だけです。限られた表現方法の中では、各々の情報の整合性を追及して、はじめて効果的な表現となるのです。

会社を象徴する色をコーポレートカラーと言います。多くの場合、会社のロゴマークの色と一致しており、ホームページや広告、封筒、名刺等もその色で統一されます。

まだ、あなたの会社のコーポレートカラーが決まっていないのであれば、社員へのアンケートをもとに、1色決めることをお勧めします。逆に、このアンケートの結果によって、社員が会社をどのように見ているかも把握することができます。

赤であれば情熱的な会社。オレンジであれば温かみのある会社。青であればクールな会社……といった具合です。

いつか、会社のイメージとコーポレートカラーに整合性が生じ、「この色はこの会社だな」と思ってもらえるようにしたいものです。

ただし、会社の見せ方、ブランディングばかりを重視していると、実績との整合性にギャップが生じ、ボロが出るのでご注意ください。

NO.11 クレショフ効果

想像してください。

薄暗く、狭い部屋に置かれたダンボール箱の写真。部屋にはそのダンボールがひとつあるだけで、窓もベッドもありません。

これだけの情報で、あなたは何を想像しますか？

廃墟と化したビルに残された荷物。刑務所の独房にある机代わりのダンボール。港近くの倉庫に隠された、犯罪の匂いがする箱。人それぞれ、さまざまなものをイメージをすることでしょう。

このように、写真や画像を見た人が勝手に意味を作り上げる現象を「クレショフ効果」と言います。

非常口のマークを見て、火事から一目散に逃げ出す人をイメージする人もいれば、火災現場に残された人を助けに行く、勇敢な青年を想像した人がいても不思議ではありません。

クレショフ効果は、映像作家のクレショフの組写真が由来となっています。組写真とは、数枚の写真をひとつの作品として表現する手法です。

「下町」というテーマなら、浅草の浅草寺、路地裏、露店、お祭りといった4枚の写真で下町の情緒や風情を表現するといったイメージです。

クレショフは、2枚構成の組写真を3種類用意しました。1枚目は、すべて同じ無表情な男性の写真。2枚目はそれぞれ、暖かそうなスープ、棺に入れられた老婆、遊んでいる小さな女の子……いかがでしょう。男性の写真と組まれたもう1枚の写真によって、無表情な顔の意味が変わってくるのです。

クレショフ効果は、映画の編集にも深く影響しています。

映画は、何十、何百というカットが編集されて1本の作品になります。同じシーンの中でも、複数のカットで構成されることがありますが、その組み合わせにより新しい意味を生み出す、モンタージュという技法がとられます。

モンタージュは、1925年に公開された『戦艦ポチョムキン』という映画で確立されたと言われており、現代の映画にも多くの影響を与えています。

それでは、クレショフ効果をウェブに落とし込んでみましょう。

東京の新橋駅からほど近い東京新橋透析クリニックのホームページを見ると、まずロゴマークが目に入ります。東京（Tokyo）の頭文字Tをデザインしたものですが、安心感を与えるグリーンとブラウンを用いるだけではなく、この透析クリニックならではの高級感あるインテリアをアピールしています。

ただし、このロゴも人によってはTの丸みから優しさや親しみを感じるかもしれませんし、Tの崩し方から心臓や他の臓器をイメージする人もいるはず。これがクレショフ効果というわけです。いずれにしても、このマークがある・ないでホームページの印象は大きく変わります。

まだロゴマークを持っていない会社や適当に作ったものを長年使い続けている会社も多いと思います。ロゴの制作費用については数千円の格安サービスから数千万円かかる有名デザイナーまで非常に幅が広いのですが、一度、クラウドソーシングを使ってみてはいかがでしょうか?

クラウドソーシングとは、フリーランスや小さな会社を中心に不特定多数にオンラインで見積りや提案を依頼できるサービス。ロゴマークに限らず、ホームページ制作、ライティング、アプリ開発、写真撮影、翻訳、システム開発までさまざまな案件を依頼できます。

ロゴマークに至っては多数のデザイナーに一気にデザイン案を出してもらい、採用した方にだけ料金を支払うといった贅沢な決め方もできます。デザイナーにこちらの希望を言葉で伝えるのは難しいし、ポートフォリオだけで誰にするか決めるのは難しいですから、このサー

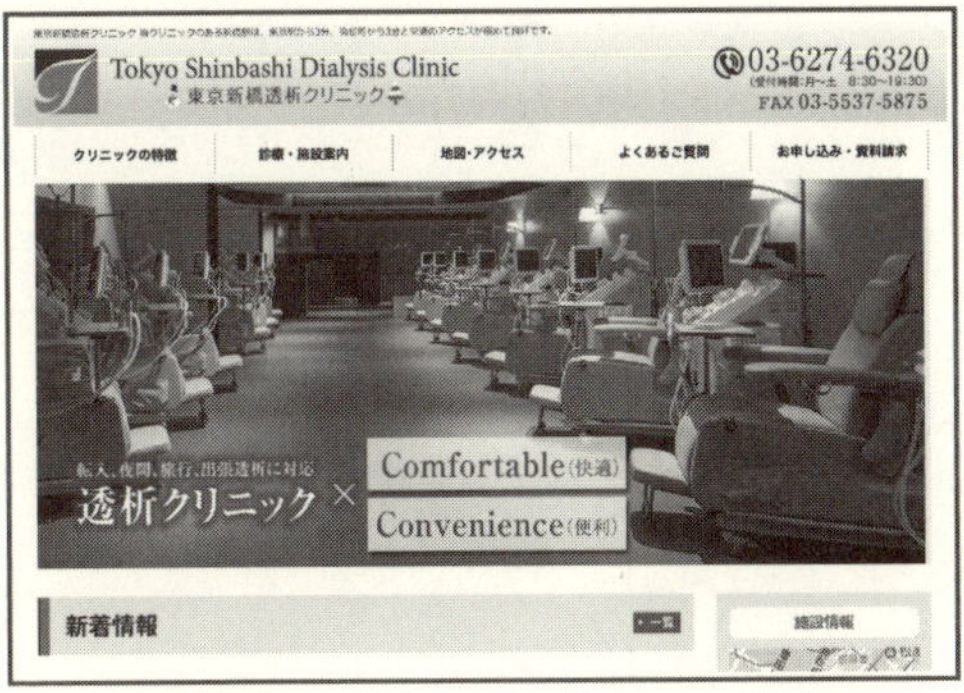

東京新橋透析クリニック　https://www.toseki.tokyo/

ビスはうれしいですよね。

日本では「ランサーズ」と「クラウドワークス」がメジャーなサービスで登録者も多いため初めて使うなら、どちらか（または両方）を選ぶといいでしょう。

料金はクラウドソーシングの会社へ支払えばいいのもメリットです。多数のフリーランスと取り引きすると源泉徴収が面倒ですからね。

一方、「期待外れのクオリティだった」、「ローンチ前日にギブアップされた」、「いきなり連絡がつかなくなった」といった笑えないケースも少なからずあるようです。最終的には誰と組むかが最も重要になるので、複数の方と取り引きしてみることをお勧めします。

NO.12 ベビーフェイス効果

セミナーや講演会の場で、私はたくさんの方々と名刺交換する機会があります。以前は、名前の他には社名と肩書き、連絡先だけの名刺が一般的でしたが、最近はさまざまな工夫を凝らした名刺が多くなっています。

基本情報以外に、顔写真やプロフィール、自社メディアや商品の宣伝、著書の紹介といった内容にこだわった名刺。プラスチックや和紙のように素材にこだわった名刺。変わった所では、20ページほどの冊子になっている名刺をいただいたこともあります。

なかでも印象に残っているのが、「似顔絵」が描かれた名刺です。本人そっくりなコミカルな似顔絵は、思わず微笑んでしまうし、後日名刺を整理しているときにも、自然に本人の顔が思い浮かびます。

名刺で見かける似顔絵はコミカルタッチのものが多く、本人が強面でも、かわいい印象が与えられるというメリットもあります。

コミカルな似顔絵のように、幼児性のある顔は「かわいい」と印象づけられ、優しくて温

かみのある人だと思われる現象を「ベビーフェイス効果」と言います。

名刺の例では似顔絵でしたが、丸い顔と大きな目をした人がそのように見られるのも、ベビーフェイス効果が働いているからです。

とある外資系のアパレルショップは、ベビー服や子供服も充実させていますが、国内の一般的な店舗とは、明らかな違いがあります。それは、壁に飾られた赤ちゃんや子供の写真です。全国から募集する大人気のオーディションから選ばれただけあって、かわいい子供たちばかりです。そんな写真があるだけで、店の雰囲気だけではなく、商品の洋服自体も数段かわいく見えます。ベビーフェイス効果の応用例として、学ぶべき手法です。

店舗やホームページに掲載する写真の選択ひとつで、印象はガラリと変わります。先ほどのアパレルショップも、田舎の鼻たれ小僧の写真では店舗自体も田舎臭く見られてしまうということです。適材適所という言葉がありますが、写真にはそれだけの影響力、説得力があるのです。

それでは、「ベビーフェイス効果」をウェブに落とし込んでみましょう。

BtoCであれば、ぜひトライしたいのが「ＬＩＮＥクリエイターズスタンプ」の制作です。ＬＩＮＥのスタンプについては今さら説明するまでもないと思いますが、ＬＩＮＥといえばスタンプというくらいスタンダードなアイテムとなっています。

実は、公式スタンプを出すには数千万円の費用がかかります。この金額はなかなか手が出せるものではありません。しかし、一般に開放されたクリエイターズスタンプは無料でスタンプを公開、販売できるため、個人のクリエイターはもとより中小企業も飛びついています。

2018年の段階で70万種類も販売されているため、よほど際立った特徴や自社の販売力がない限りランキング上位に食い込んで儲けることはむずかしいと思いますが、コミュニケーションツールやブランディングツールとして制作する価値はあります。

クリエイターズスタンプが始まってしばらくは審査に半年かかっていましたが、3～5日にまで短縮されているのもお勧めする理由です。

すでに自社キャラクターを作っているようでしたら、やらない手はありません。東船橋の歯科医院「スマイルデンタルクリニック」のスタンプは歯医者らしく、「歯っぴ～♪」、「歯っ歯っ歯っ」といったセリフや歯磨きを表現したスタンプで人気を集めていますが、スタンプのセリフやポーズを社内で募集したところ、思いがけずに盛り上がったそうです。

筆者も自身をモチーフにした「くまのこーちゃん　～DQNな口ぐせ編～」を出しています。擬人化ならぬ擬熊化したスタンプは、まさにベビーフェイス効果。正直、売上は微々たるものですが、購入者の評判は良好ですし、スタンプ制作を提案する際に「自分も出している」という点は大きいです。説得力が違います。

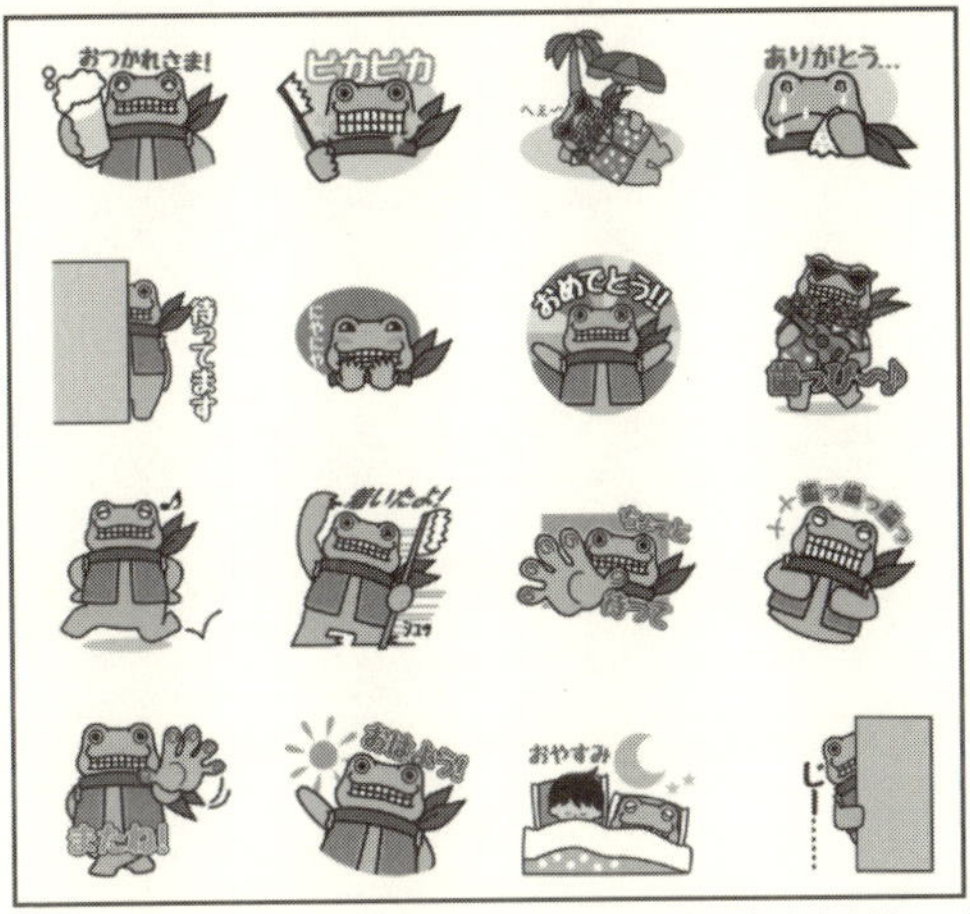

ピカエル　歯のトラブルとたたかうヒーロー／スマイルデンタルクリニック

はじめてスタンプを制作するのでしたら、次のポイントを守ると後悔しないと思います。

まずは、購入者が使いやすいようにセリフ付きにすること。

次に、このスタンプを購入すれば、朝から晩まで使えるということ。「おはよう」から「おやすみ」まで基本的なセリフは網羅しておきましょう。

セリフの内容もBtoCのC（お客様）を想定してください。お母さんと子どもであれば、「今どこ?」、「家出たとこ!」、「まだ?」、「あと5分」といった会話を想定して、それぞれスタンプ化すると、よく使われるようです。

Lesson 2

お客を導くウェブ行動論

NO.13 ツァイガルニック効果

誰もがうらやむキレイな女性と手をつないで歩く、お世辞にもカッコイイとは言えない男。〝美女と野獣〟を絵に描いたようなカップルは、街中でもめだつ存在です。

恋愛ドラマの中でも、キレイな女性がブ男に恋をしたり、イケ面の主人公がドジな女性に恋をするなど、よくある展開です。

このようなミスマッチは、心理学で言う「ツァイガルニック効果」が働いて引き起こされるものです。ツァイガルニック効果とは、完成されたものより、未完成なものに興味を引かれるという心理現象で、理想＝完成形とはかけ離れた異性に恋してしまうのも、決して妥協やあきらめではないのです。

デビューして数年で亡くなった歌手がカリスマ化し、死後何年も経っているのに特別番組が組まれたり、未公開の楽曲が発売されてかなりのセールスを記録する現象も同じです。

これも、未完成のまま世を去ったことで、生前見ることができなかった完成系をファンが望んでいるからこその販売戦略なのです。販売戦略なんて書くと怒られそうですが、あなた

も何名かのアーティストやアイドルの顔を思い浮かべたのではないでしょうか。

ツァイガルニック効果をとことん利用しているのがテレビ番組。

テレビ番組は視聴率が命です。オリコンの数値は、業界人ならずとも気になるところ。とくに、放映時間を通した平均視聴率が重要視される世界です。そのため、ありとあらゆるテクニックを駆使して、視聴者にチャンネルを変えさせまいとします。

肝心なシーンの直前にCMに突入したり、番組の冒頭に後半部分の衝撃映像を小出しするなんてかわいいもの。

「この後、とんでもない展開に！」と言っておいてCMに突入。結局、「とんでもない展開」は次週に持ち越しといったことも珍しくはありません。未完成の情報を与え、関心を継続させる、あまりにも有効なやり口です。

姿形の見えない商品を、DJの話術で買わせてしまうラジオショッピングというメディアはツァイガルニック効果の典型でしょう。聴覚オンリーのメディアならではの売り方は、とても参考になります。

「今日お勧めする商品は、この爪磨き。たった5秒であなたのお爪がつるつるピカピカに。リエちゃん、ちょっと試してみてよ」

「本当ですか〜？ あっ！ 笑っちゃうくらいピカピカになっちゃいました〜！」

ラジオでは映像が見えないため、なおさら想像が膨らむというわけです。

それでは、ツァイガルニック効果をウェブに落とし込んでみましょう。

規模の大小に関わらず、オウンドメディアを運営する会社が増えてきました。オウンドメディアとは、特定のテーマに関する情報をホームページやニュースレター等で発信する媒体のこと。一般的にいわれるオウンドメディアはブログ形式で、個人ではなく法人が運営し、テーマをマーケティングや旅行、ファッション等に絞っている点やターゲットを（ある程度）特定している点が異なります。

うまく運営していくと、多種多様なキーワードでGoogleの検索結果に上位表示され、膨大なユーザーを広告費をかけることなく集めることができます。名もない会社であっても月間何十万、何百万というアクセスを集めることも夢ではありません。

オウンドメディアの記事で重要なのはタイトルです。もちろん、内容が一番大事だということは書くまでもありませんが、検索結果に表示された時、ＦａｃｅｂｏｏｋやＴｗｉｔｔｅｒで拡散された時、タイトルを見たユーザーが読んでみようと思うかどうかはタイトルが鍵になります。

弊社も「ココ街」というオウンドメディアを運営していますが、やはりタイトル決めには神経を使います。

・上位表示させたいキーワードを含める
・検索結果にタイトル全文字が表示されるよう全角28文字以内に抑える
これはSEO対策の基本中の基本ですが、後者についてはさほど重要視していません。より魅力的なタイトルになるのであれば、50文字以上に増えてもいいと思っています。検索結果の表示文字数については、Google の仕様が変わることが少なくないという理由もありますし、検索結果でも目を引くタイトルは順位が多少低くてもクリック率は高くなります。

オウンドメディアの記事タイトルの王道は、

「LINEクリエイターズスタンプを作ってみて、ちょびっと後悔してる3つのコト」

「拡散を狙え！飲食店がSNSで集客力を上げるための8つの仕掛け」

のように、いくつかのポイントにまとめ、数字でアピールすることです。

「Facebook広告はインプレッション課金とクリック課金どっちがお得？」

のように、思わず答えが知りたくなるタイトルもFacebookで多く拡散されました。

オウンドメディアについては、記事の無断引用や丸パクリ、節操のないインチキな医療系記事等の問題が発覚し、業界全体に大きな衝撃を与えました。御社で取り組む際には、アクセス数だけではなく、世の中のためになるメディアなのかという問いかけを忘れないでください。

NO.14

カクテルパーティー効果

地方から上京してきた人は、まず東京の人の多さに驚くそうです。渋谷駅前のスクランブル交差点、山手線や埼京線の満員電車が代表例でしょうか。

人々が行き交う街中では、車や電車の騒音、店舗から漏れるBGM、信号機の音楽、売り込みの声、歩行者の足音などの多種多様な音が、オーケストラのように入り混じって耳に飛び込んできます。

でも、そんな街の喧騒の中にいても、自分の名前が呼ばれたことに気づいたという経験はないでしょうか?

自分に関係ある情報には、無意識に注意、意識が向く現象を「カクテルパーティー効果」と言います。この場合、あなたの名前が関係ある情報というわけです。

パーティー会場も街の雑踏に負けず劣らずうるさいものですが、その中で一対一の会話が成り立つのも、相手の声を自分に関係あるものとしてとらえているからなのです。

逆に、話し相手の声がよく聞こえないという場合、心の奥底ではその会話をどうでもいい

こととらえているのかもしれません。まわりが極端にうるさい場合もあるでしょうが、そんなときはまず、自身に問いかけてみるのもひとつの方法です。「心ここにあらず」になっていないか、と。

カクテルパーティー効果はダイレクトマーケティングに応用されています。

たとえば、ＦＡＸＤＭ（ファックスを利用したダイレクトメール）。ＦＡＸＤＭは、商品のターゲットに合わせて送信先を絞るのが一般的です。専門の業者に依頼すれば、あなたの希望する業種や地域にだけＦＡＸＤＭを送ることができます。

ただ、どうせターゲットを絞るなら、それに合わせたキャッチコピーを用意するべきです。社会保険労務士の方なら、「退職金問題で悩む、埼玉県の中小企業の社長様へ」、「就業規則でお困りの経営者様へ」――こんな文言を原稿の一番上に書くことで、ターゲットの目に留まりやすくなります。

毎日届くＦＡＸＤＭの山が街の雑踏。ターゲットに合わせた文言が、相手の名前というわけです。

最近では、テレビＣＭのようなマスマーケティングにおいても、「あなたは30代ですか？」、「お腹の脂肪が気になる方へ」といった語りかけにより、限られたターゲットに直接訴えかけて振り向かせる工夫が見られるようになってきています。

それでは、カクテルパーティー効果をウェブに落とし込んでみましょう。

SNSが広く普及したため、メルマガ（メールマガジン）の効果は薄れていると思われがちですが、弊社クライアントの多くが未だに成果を出し続けています。中には、15,000人ほどのメルマガ読者に1通配信するだけで一千万円以上の売上を叩き出す会社も。

成果を出しているメルマガには、2つの共通点があります。1つはターゲットやテーマを絞っている点。もう1つは「差し込み」を活用している点です。「差し込み」とは、送信相手の名前等をメールの件名や文中に入れる機能のことです。

受信トレイに入ってきたメールの件名に自分の名前が入っていたら、どうでしょうか？件名「川島康平様、おはようございます」——まず消さないはずです。

そして、メール本文にも、「川島康平様、おはようございます。今日は川島様に、特別なオファーがあります」といったように名前を差し込むのです。

何千、何万件に送る一斉メールの中に、このような工夫を取り入れることで、あたかも「あなただけ」に送ったメールのように見せることができます。

差し込み機能により、あなたが送ったメールが自分に関係あるメールだと認識されます。認識されるということは、読んでもらえるということです。その結果、反応率アップにつながるのです。

カクテルパーティー効果の応用として、商品の対象者を具体化するという手法があります。ダイエット食品を扱っている会社が、ダイエットクッキーを売り出そうと計画しています。対象者はもちろん、「痩せたい方」、「ダイエットしたい方」ですが、それをそのまま書いたのでは芸がありません。

「いままで、いろんなダイエットに挑戦したけど、失敗続きという方」、「2週間で、あと4kg痩せたい方」――このように、対象者の悩みや行動を具体的に明記するのです。

商品を求めている方は、多くの情報を仕入れて比較しているものです。そんな方に、「そこのあなた！」とアピールすることで、「この商品こそ、私が探していたものだわ」と思わせることができるのです。

NO. 15 ザイオンス効果

春、桜舞い散る頃に入社してきた初々しい新入社員。今年はどんな子が来るのだろうと期待していたのに、好みのタイプではない子が配属され、モチベーションも下がり気味。でも、毎日顔を合わせて仕事をしていくなかで、いつしか異性として意識するようになっていた。

「あれっ？ こんなに可愛かったっけ？」

そんな経験、誰でも一度や二度はあるのではないでしょうか？

このような心理的現象を「ザイオンス効果」と言います。

ザイオンス効果とは、接触回数が増えるにつれて親近感や好意が上がっていく現象のことで、社内結婚の多さが、この効果の証明ではないでしょうか？

しつこくインターフォンを鳴らす新聞拡張員（新聞の営業マン）を邪険にしていた主婦が、いつしかその営業マンとおしゃべりする仲になり、野球のチケットや洗剤と引き換えに契約してしまうなんていうのもありがちな話。ザイオンス効果の典型例でしょう。営業マンがしつこくコンタクトをとってくる理由は、こんな心理的変化を狙っているからです。

「あら？　今週は珍しくあの営業マンから連絡がなかったわ。ちょっと寂しいわね」なんて思わせたら「勝ち」というわけです。

そもそも、まったく興味も関心もない商品だったり、セールストークが下手では逆効果ですが、そうでなければ、コンタクト回数が営業成績に少なからず反映してくるのです。ザイオンス効果は人と人、フェイス・ツー・フェイスのコンタクトだけに有効なわけではありません。

あなたが、シャンプーを買いに近所のドラッグストアに行ったとします。棚には、数多くのシャンプーが置いてありますが、その中からひとつに絞る判断基準は何でしょうか。

パッケージのデザイン、価格、メーカー……人それぞれ優先順位はあると思いますが、テレビCMや雑誌広告で頻繁に目にするシャンプーが並んでいたら、かなり有力な候補になるはずです。

さまざまなメディアで、何度も繰り返し目に入ることでザイオンス効果が発生します。そのシャンプーに少なからず親近感、好意が生まれているわけですから。

それでは、ザイオンス効果をウェブに落とし込んでみましょう。

シャンプーの例のように、テレビCMや雑誌広告を出せるのであれば楽ですが、なかなかそうもいかないのが辛いところ。中小企業の現実です。

そこで紹介したいのが、リマーケティング広告。御社のホームページを訪問したユーザーを広告で追いかけるのが基本の広告手法です。

この本の読者の方も、「いろんなホームページで同じ会社の広告を見るな」という経験があると思いますが、まさにその広告です。Google Adwords、YDN（Yahoo!ディスプレイネットワーク）、Facebook広告等で導入されており、リターゲティング広告と呼ばれることもあります。

検索連動型広告と同様、小予算でスタートできますし、広告枠さえあれば日本有数のホームページに追跡対象者が訪れた際に広告が表示されます。リマーケティング広告の存在を知らない人から、「あなたのところ有名なホームページに広告出していて、すごいですね」と言われたという話もチラホラ。

追跡対象者は単に「訪問した」という条件だけではなく、「5分以上滞在した良質なユーザー」、「10，000円以上購入したロイヤルユーザー」のような条件付けもできます。また、「資料請求したユーザー」を「除外」するといった設定も広告の費用対効果を上げる施策として効果的です。

リマーケティング広告にしつこく追いかけられるのは嫌いという声も聞きますが、多くの業種で有効な広告であることは間違いありません。二度三度と目にすることでザイオンス効果が働くからです。ちょっと、「やり過ぎかな?」と思ったら、1日の表示回数や追跡期間を調整してみましょう。

ネットショップや飲食店向けに撮影キットを販売する「王様の撮影キット」は、「撮影キット」という検索キーワードが売上の要でしたが、検索回数が少ないことが悩みの種でした。

そこで、「寿司　撮り方」、「ピアス　撮り方」、「ガラス　反射　撮り方」等、とにかく撮影テクニックに関するノウハウをホームページのお役立ちコンテンツとして追加し続けました。

数年前からはホームページに加えて、YouTubeにも同様のキーワードを狙って映像を投稿していったところ、注文したお客様から、「撮影方法を調べると、いつも王様の撮影キットが表示されるから覚えていた」という声が続々と寄せられるようになりました。

広告費をかけてリピートさせるのも良し。労力を使ってリピーターを増やすのも良し。いかにホームページに再訪させるか、何度も何度も頭を捻ってみてください。

NO.16 宣言効果

人間には、潜在意識が存在します。

心理学者ユングによると、私たちの意識（顕在意識）は、氷山にたとえると海から出ている小さな部分（5～10％）にしかすぎないというのです。ごぞんじのように、氷山の全体像は海面に出ている何倍もの体積をもっていますが、沈んでいて見えない大きな部分（90～95％）が潜在意識なのです。

つまり、顕在意識は氷山の一角にすぎず、われわれの行動や発言は、潜在意識によって支配されているというわけです。

自己啓発やモチベーションアップの書籍やセミナーでは、必ずと言っていいほど潜在意識の話が出てきます。潜在意識をコントロールしよう、自ら変えよう、というわけです。

毎日、自分の夢や目標を口に出す。携帯電話や手帳等、毎日必ず目にするものに夢や目標を書いておく。他人に宣言する。このような手法によって、夢や目標が潜在意識に刷り込まれることで、その後の行動が変わってくるというのです。

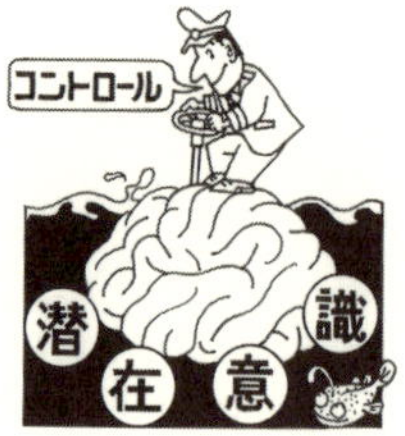

判断とは、自分の経験や決め手となる要素をもとに決めることですが、決断とは理屈ではなく、自分の意思や勘で決めることです。

ビジネスや日常生活において、何かを決断しなくてはならない状況で、どれを選ぶかは潜在意識の影響で変わってきます。潜在意識がAと言えばAを選び、Bと言えばBを選ぶ。そのため、潜在意識を自らコントロールすることが、夢を叶える近道になるのです。

自分や他者に目標を宣言することで、達成率が上がる心理現象を「宣言効果」と言います。

自分自身への宣言で潜在意識が変化するのはすでに述べた通りですが、他者への宣言はどのような作用があるのでしょうか。

まず、他者へ目標を聞かせることで、あなた自身のモチベーションが上がります。相手がその目標に対してよい反応を示してくれればなおさらでしょう。

また、「自分を追い込む」という意味もあるのではないでしょうか。いったん口に出してしまったのだから、最後までやらなくてはならない。有言実行でなくてはならない、と。

もちろん、宣言すれば何でも叶うのであれば苦労はありませんが、口に出すことによって達成率が上がることは否定できない現象なのです。

それでは、「宣言効果」をウェブに落とし込んでみましょう。

FacebookはTwitterやInstagramと比べて大人の利用割合が多い

のが特徴です。デザインがいかにもアメリカっぽくて、お固く見えるのも理由でしょうが、実名制という特徴も大きいと思います。スタート当初からあったFacebookページだけではなく、法人向けの「Facebook at Work」のようなコミュニケーションサービスが充実しているのも外せません。

そのようなツールも便利なのですが、Facebookでせっかく多くの友達を得たのでしたら、宣言効果を狙った投稿をしてみるのも一興です。

例えば、売上や受注数の目標を堂々と投稿してみる。否応なく友達の目に触れるし、場合によっては、それを見た友人がお客様を紹介してくれるなんてことも期待できます。単なる自慢に見えないよう、山あり谷ありの苦労話もセットにするといいかもしれません。

また、血圧測定器のような健康器具メーカーは、購入者に健康になっていただきたいと思って商品を提供しているはずです。

当たり前の話ですが、血圧測定器というものは、血圧を毎日測ることで体調管理をしっかりしていただくための商品です。それなら、お客様のフォローという観点からステップメールを利用してみてはいかがでしょうか。

血圧測定はほんの数分で終わりますが、習慣にすることはむずかしいものです。健康第一と言っても、なかなか続かないのが人間です。それを考えて、定期的にメールを送ってみてください。

商品購入1週間後、1ヶ月後、3ヶ月後、半年後、1年後こんな周期でメールを送るのです。

「毎日、血圧を測っていますか?」

「購入から1ヶ月経ちますが、血圧は測っていますか?」

「もう半年になりますが、お変わりはありませんか?」

このようなメールを送ることで、購入者の潜在意識に「血圧は毎日測るもの」という意識を植えつけてくれるのです。また、お客様にとってみれば「半年も経っているのに、まだ私のことを覚えていてくれているんだ」と、顧客満足度はグッと上がるはずです。

潜在意識と書くと、どうしても宗教的なイメージ、怪しいイメージととらえる方もいるでしょう。しかし、お客様にとって本当に意味ある商品になってほしいと考えると、このような手法は悪くありません。

宣言効果の活用術。あなたの潜在意識はどう判断するでしょうか。

NO. 17
マジカルナンバー7

ゆとり教育では、円周率を3と教えていたと思っている方が多いと思いますが、実はこれ、ある学習塾のポスターに端を発したデマだとごぞんじでしたか？

新学習指導要項を確認すると、「円周率としては3・14を用いるが、(およその面積を見積もる場合など)目的に応じて3を用いて処理できるように配慮する」と明記されています。

その円周率ですが、円周率の記憶はギネスブックに認定されるほど競われていて、ギネスホルダーの日本人は6万桁以上暗記しているそうです。それが何の役に立つのかという議論は別にして、常人にはとうてい理解し難い領域です。

では、あなたは3・14以下何桁まで覚えていますか？

この質問をすると、3・141592という7桁の数字を返してくる方が多いことに気がつきます。つまり、ギネスブックめざして本気で円周率を暗記している方は例外として、何気なく覚えた方の記憶は7桁で止まっているのです。

これが何を意味するのかと言うと、人間の記憶や認識は七つまでは容易で、それ以上にな

るとむずかしくなるということです。

この現象は、心理学の世界では「マジカルナンバー7」と言われています。

つまり、7と8の間には、目に見えない境界線が引かれているということです。

七転び八起き、親の七光り、なくて七癖などの慣用句やことわざも、見えない境界線を古人が感じ取っていたからこそ、生み出された言葉なのでしょう。

大ベストセラーになったビジネス書に『7つの習慣』という本があります。内容はもちろんすばらしいのですが、爆発的に売れた理由はポイントを七つにまとめたからではないでしょうか?

新聞のテレビ欄にも面白い7を見つけることができます。朝7時、夜7時からは枠が広くなっています。これは、1日を早朝、朝、昼、夕方、夜、深夜に分けると、朝も夜も7時からはじまるということを意味します。

「何時から朝で、何時から夜か?」というアンケートを取ってみても、恐らく同じ結果が出るはずです。誰が1日を24分割すると決めたか知りませんが、7という数字の不思議さはこんなことからもおわかりいただけるはずです。

それでは、「マジカルナンバー7」をウェブに落とし込んでみましょう。

ホームページを作るうえで考えなくてはならないことに、一覧性というポイントがあります。

もともとホームページは、新聞や雑誌のような紙媒体に比べて、一覧性に劣ると言われています。新聞1ページの情報量をホームページ1ページで再現するのは非現実的だし、雑誌のように自由気ままに流し読みできないのがその理由です。

それだけに、ホームページの弱点である一覧性を強化すること、ページ訪問者にどんなコンテンツがあるかをひと目で理解してもらうということが重要になってくるのです。

一覧性を高めるうえで、最も重要なのがメニュー構成です。仮に、メインのメニューが10個並んでいたらどうでしょうか？　縦にずらっと横にずらっと。ちょっと見にくいかもしれません。コンテンツが豊富なホームページと言えるかもしれませんが、一覧性のよさとはかけ離れたものになってしまいます。

それを防ぐためにも、メインとなるメニューは七つまでにしておき、他のコンテンツへの誘導はサブメニューに振り分けるという工夫が大切です。数の調整がむずかしいようなら、「お問い合わせ」や「サイトマップ」といった基本的なコンテンツはメニュー外に配置するのもひとつの方法です。

「持ち出し費用0円でここにしかない結婚式を」というキャッチコピーでビジネスを加速させている「ゼロ婚」のホームページ。ここは訴求力を高めるために主要なコンテンツを把

ゼロ婚東京ー持ち出し費用0円で、ここにしかない結婚式を。　http://zerokon-tokyo.net/

握できる1カラムの縦長トップページを採用していますが、横に並んだメインメニューは7つ。横並びの場合は特に7つを超えると一覧性が著しく低下するため、リニューアル後もこのルールは徹底しています。スマホのバーガーメニューは変則的にお問合せが4つに分かれていますがメニュー数は7つとなっています。

スマホが普及し通信速度が向上するにつれて、ページ訪問者の滞在時間はどんどん短くなってきています。

そんな状況下で、小さな会社のホームページが生き残っていくためには、1人の訪問者をいかに引き止めることができるか、がポイントとなります。

NO.18 噴水効果

東京銀座の中央通りには、老舗のデパートが並んでいます。ただし、老舗というブランドだけで競争できる時代はもう終わりました。バブル崩壊後、一時落ち着いていた銀座ですが、海外の一流ブランド店が乱立するようになったからです。

そこでデパートが選んだ道は、それら一流ブランド店をデパート内に出店させるという戦術でした。そのため、同じブランドが銀座という狭い地域内に複数の店舗を持つということも珍しくありません。

ただ、出店と言っても、一流ブランドについてはデパートの1階に店を出すケースがほとんどです。デパートも、まるでそのブランド店のためにデザインしたかのような大規模な改装をします。

これは、入口となる一階に集客力のある魅力的なブランド店を配置することにより、多数のお客様を引き込むのが目的です。ブランド店に直接入店できない構造になっているのも、そんな理由があるからです。

このようなマーケティング戦略を「噴水効果」と言います。まずデパートに足を踏み入れてもらい、そこから上の階へと誘導することによって、人の流れを噴水のように下から上へと誘導しているのです。

たとえは悪いのですが、コンビニの店舗がやけに明るいのは、防犯上の理由だけではなく、明かりに群がる虫のように人を引き寄せているのです。コンビニの場合、下から上というわけではありませんが、まず店に入ってもらうということが大切です。ここではくわしく解説しませんが、入店後はコンビニ特有の陳列方法によって、思わず商品を手に取る流れを作り出しているのです。

大型家電店には、出入口が広いという特徴がありますが、これも「まず入店ありき」という考えです。とくに都内にはそのような店舗が多く、非常ににぎわっています。入口をオープンにすることで、女性1人でも安心して入れる店だということもアピールできるし、店内のにぎわいを、道行く歩行者に伝えることができるのです。

マニアックな店では逆効果ですが、ターゲット層の広い店舗であるほど有効な造りと言っていいでしょう。

小規模な店舗であっても、門構えには気を遣う必要があります。入口がゴミで溢れて薄汚いというのは論外ですが、ターゲットによって見せ方を変える必要があります。

老若男女問わずに来ていただきたいのであれば、明るく、間口を広げて、オープンな雰囲気を強調します。チェーンの飲食店の多くは店内が見えるようになっているはずです。

それでは、噴水効果をウェブに落とし込んでみましょう。

ホームページにとっての1階はランディングページ＝訪問者が最初に辿り着いたページと呼ばれます。広告の場合、ランディングページを任意に指定できます。オウンドメディアの場合、トップページより人気ページの方が圧倒的に流入数は多くなりますが、一般的にはトップページからの流入が最も大きな割合を占めます。

一般的なホームページは、訪問者の40〜60％が1ページしか見ないで直帰してしまうという実情を考えると、やはりトップページは重要です。40〜60％という割合を、少しでも減らす工夫が必要になってくるのです。

では、その工夫とは何か？

まずひとつが、パッと見のデザイン、第一印象ではないでしょうか？「初頭効果」でも触れましたが、人の第一印象同様、ホームページもファーストインプレッションが続きを見るか閉じるかの最初の判断基準となります。

どんなにコンテンツが充実したホームページであっても、古臭い印象を与えてしまっては、それを見てもらう前に離脱してしまうはずです。

しかし、高品質な写真を用いて、一流のデザイナーを起用したホームページが必須というわけではありません。クシャクシャにシワの入ったスーツのような印象を与えないデザイン。素人臭くない質を確保すればいいのです。

デザインにはレイアウトという側面もあります。レイアウトとは配置のことです。コンテンツが充実すればするほど、いかに目的のコンテンツをすぐに探せるようにするかという点も考えなくてはなりません。

1ページで勝負する縦長のLP（ランディングページ）でなければ、訪問者1人あたりが見るページ数（平均PV数）を意識することが、売れるホームページ作りのポイントとなります。

3～4ページが平均的な数値ですが、工夫しだいでその倍以上の数値を達成することも可能です。トップページをうまく区画整理することで、より多くの訪問者に1クリックさせることからはじめてみてください。

噴水にたとえると、放出口となるのがトップページです。そのデザイン、レイアウトによって水圧は強くも弱くもなります。

NO.19

シャワー効果

デパートの物産展が人気です。物産展とは、全国各地の名産品をわざわざその土地まで足を運ばなくても購入できる催しですが、最近では、各地のアンテナショップも街中でちらほら見かけるようになりました。

とくに、国内旅行でも人気の高い北海道物産展となると、それだけでかなりの集客が見込めるそうです。デパートにとってのキラーコンテンツというわけです。

物産展は上階でやるのが定番です。もともと、展示場が上階にあることも理由のひとつでしょうが、集客できるイベントを上階で開催することで、帰りがてら他の買い物をしてもらうという効果もあるそうです。

このようなマーケティング戦略を「シャワー効果」と言います。「噴水効果」とは逆に、まず上の階に人の流れをもってくるという手法です。

「シャワー効果」と「噴水効果」どちらがいいの？　という疑問が湧くと思いますが、これは商品単価によって変えるのが一般的です。

ブランド品のように単価が高いものは、それほど数が売れるわけではないし、敷居が高いというイメージがあります。その場合、「噴水効果」を利用して1階に出店してもらうのがいいでしょう。

1階であれば冷やかしで入りやすいし、たとえ一流ブランド店で購入しなくても、他の店舗に立ち寄る率が高くなるからです。

逆に、北海道物産展のように単価が低いものは上の階に置くのがいいでしょう。単価も敷居も低いため、お客様の多くが「何かしら購入しよう」という意思を持っているため、たとえ上階であっても足を運んでもらえるからです。

物産展が1階だと、そこで購入することで満足し、わざわざ上階へ足を運ぶことなく帰ってしまいます。

そんな心理を読み、二つの効果を使い分けてください。

それでは、「シャワー効果」をウェブに落とし込んでみましょう。

オウンドメディア運営で、ある程度のアクセスが集まるようになったら、積極的にリード（見込み客）を獲得したいものです。

方法は1つに限定されませんが、王道はオウンドメディアのコアテーマに関連するサービスの資料、個別の記事に関連する何かしらの特典と引き換えに、メルマガやステップメールを配信するためのリストを獲得するという流れになります。もちろん、メールの中での営業活動は必須です。

弊社オウンドメディア「ココ街」には、いくつかの仕掛けを組み込んでいます。一番人気はＦａｃｅｂｏｏｋ広告に関するＥｘｃｅｌデータを特典としています。記事『Ｆａｃｅｂｏｏｋ広告の成果は「ターゲット設定」で決まる？　６３３種のセグメント一覧プレゼント！』に辿りつけば、10％以上のユーザーが特典目当てにメルマガ登録します。

つまり、この記事がシャワー効果でいう物産展というわけです。そして、このページに多くのユーザーを集めるため、Ｆａｃｅｂｏｏｋ広告をテーマにした他の記事の最後に、この記事への導線を作っているのです。

ポイントは記事内に導線を組み込むこと。「こちらの記事も読まれています」というレコメンド機能があるため、記事下にはＦａｃｅｂｏｏｋ関連の記事がズラッと並んでいますが、これだと弱い。文章できちんと「Ｆａｃｅｂｏｏｋ広告で一番人気の記事もあわせてお読みいただき一緒にがんばりましょー!!」と誘導することが肝心です。

また、物産展となるページも、

・記事タイトルで特典があることを伝える
・その特典の必要性を記事内容で伝える

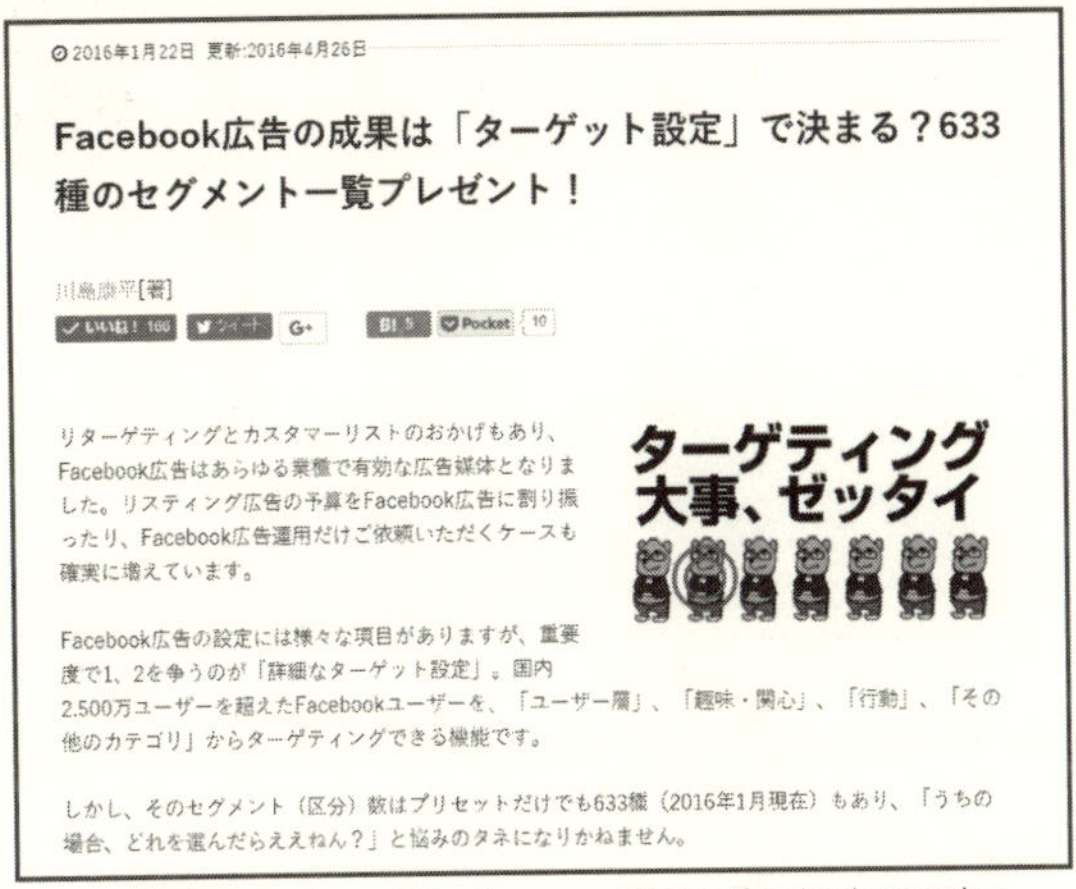
2016年1月22日 更新:2016年4月26日

Facebook広告の成果は「ターゲット設定」で決まる？633種のセグメント一覧プレゼント！

川島康平[著]

いいね！ 166 ツイート G+ B! 5 Pocket 10

リターゲティングとカスタマーリストのおかげもあり、Facebook広告はあらゆる業種で有効な広告媒体となりました。リスティング広告の予算をFacebook広告に割り振ったり、Facebook広告運用だけご依頼いただくケースも確実に増えています。

Facebook広告の設定には様々な項目がありますが、重要度で1、2を争うのが「詳細なターゲット設定」。国内2,500万ユーザーを超えたFacebookユーザーを、「ユーザー層」、「趣味・関心」、「行動」、「その他のカテゴリ」からターゲティングできる機能です。

しかし、そのセグメント（区分）数はプリセットだけでも633種（2016年1月現在）もあり、「うちの場合、どれを選んだらええねん？」と悩みのタネになりかねません。

ココ街／ココマッチー　http://cocomachi.tokyo/facebook-targeting

・登録方法をハイライト（黄色背景＋太字）で伝える

のように、しっかりクロージングしてこそ、この戦術が活きてくるわけです。

「オウンドメディアで露骨にリード獲得するのはちょっと…」と思われるかもしれませんが、それが訪問者にとって役立つものであれば、堂々とやればいいのです。

NO. 20 エスカレーター効果

終電間際の駅や深夜のオフィス街で、たまに止まっているエスカレーターを見かけることがあります。

「何だよ、使えないなぁ」と文句を言いながらエスカレーターに足を運ぶと、止まっているとはわかっていても、ちょっと前のめりになったり、足が重くなった感覚になります。階段と同じだと、頭では理解しているはずなのに不思議です。

このような現象を「エスカレーター効果」と言います。

自分自身では制御できない深層心理が、「エスカレーター＝動くもの」と認識しているため、ふだんエスカレーターを乗り降りする際の微妙なバランス調整を再現してしまうというわけです。

つまり、「こうなんだろうな」という予想に反することが起きたときの違和感はとても印象に残るということです。

ＲＰＧ（ロールプレイングゲーム）にはダンジョン（洞窟）がつきものです。暗い雰囲気

のダンジョンの階段をどんどん下っていき、ある階で突然真っ赤なマグマに囲まれた画面になったりするとドキドキします。「おお〜、いよいよボスの登場か?」と緊張します。

これも、一種のエスカレーター効果です。何階分も同じ雰囲気のダンジョンを冒険して、それが普通だと思い込んでいたときに突然変わる風景。毎階違う風景に変わるようであれば驚きは少ないと思いますが、そんな演出をすることで、ボスとの対決がいっそう盛り上がるのです。

電車の中づり広告で通念を裏切るものを見かけます。中づり広告は普通、ペラ紙1枚に印刷されています。

限られたスペースの中で、いかに乗客の視線を引きつけるか、いかに印象に残る広告、購買意欲をかき立てる広告にするかを競い合っているわけです。

乗降客の多い山手線等では、一車両すべてを同じ広告で占める「マッシブアタック」という広告戦略を見かけることもあります。

そんななか、ここ数年で増えてきたのがペラ紙1枚ではない広告。商品を別紙に刷って、立体的に浮き立たせるもの、商品そのものの一部を広告に貼り付けるものなどです。「いったい、いくらお金をかけているんだ」と心配になるほどの凝りようです。

とはいえ、めだつことは間違いありません。二次元のペラ紙広告の中に、三次元化された立体的な広告があるだけで、自然に視線が止まってしまいます。これは、視線のエスカレーター効果と言えます。一度はやってみたい贅沢な広告です。

それでは、「エスカレーター効果」をウェブに落とし込んでみましょう。

2015年あたりから多く目にするようになったホームページの作りにパララックスがあります。パララックスとは視差効果のこと。画面の上下スクロールに連動して奥行きを表現する、写真等の要素が拡大縮小する等の視覚的な演出が代表的なパララックスです。

京都の職人と漫画やアニメとのコラボレーションアイテムを販売する「京都式」のホームページにはパララックスがふんだんに仕込まれています。スクロールに合わせて面積が変わるメインメニューや動く職人の写真。マウスを乗せると拡大する伝統工芸の写真等など。

伝統工芸のホームページというと古臭い印象になりがちですが、現代のアートである漫画とのコラボレーションというコンセプトを表現するため、やり過ぎなくらい動きで魅せています。中には、初見では気づかないぐらい細かなパララックスもありますが、京都の職人衆に通じる職人芸すら感じさせます。

パララックスの導入は「パララックス jquery」で検索すると、簡単にホームページに導入できるプラグインがたくさん紹介されています。ゼロベースで作るのは難しいですし、どんなアイディアがあるか参考にするためにも、一度調べてみてください。

京都式一伝統と京の職人による新しい工芸品　http://www.kyotoshiki.jp/

エスカレーター効果にからめて、変わった表現手法をご紹介しましたが、ときには訪問者の思い込みを裏切ることも効果的ということです。

ただし、狙いすぎでページ本来の目的が希薄になったのでは本末転倒です。くれぐれも、上りエスカレーターを下に動かすことがないよう、ご注意ください。

NO. 21 リフレーミング

家を買ったり借りるとき、価格以外にもさまざまな要素が検討材料となります。日当たり、間取り、施工会社等々、数え切れないほどの要素があります。

希望する条件にすべて合致する物件なんてないから、優先順位を決めて、妥協すべきところは妥協する。そんなことはわかっていても、なかなかむずかしいものです。

その中でも、最寄り駅まで徒歩何分という要素は重要です。しかし、駅から何分というのは、1分で80m歩けるという計算になっているため、実際には歩道橋や坂道、さらに信号があるなど、提示された時間では着かないことがほとんどです。

では、「徒歩15分」という物件をあなたはどう思いますか？

「そのくらいなら全然問題ないね。近いじゃないか」という人もいれば、「ダメダメ。歩ける距離じゃないし、資産価値もないよ」という人もいるはずです。

そのように、同じ数値であっても、人によって受け取り方が違う現象を「リフレーミング」と言います。

目の前に置いてある、半分ほど水が入ったペットボトルも、「もう、これだけしかない」と思う人もいれば、「まだこんなに残っている」と思う人もいます。喉が乾いているとき、乾いていないとき、おいしい水かそうでないかによっても変わってくるかもしれません。

10万円という金額や1，500mの山、250グラムのハンバーグ。あらゆる物で同様の現象が見られます。底から1cmしか入っていないペットボトルや50グラムのハンバーグのような極端な場合は別ですが、その人の経験や知識、そのときの状態で、同じ数、量でも見え方が違ってくることに異論はないはずです。

北アルプスに乗鞍岳（のりくらだけ）という山があります。山を知らない人に、「この前、乗鞍岳っていう3，000m級の山を制覇したぜ！」と話したら「すごいなぁ……」となると思いますが、実はこの山、夏は2，900m付近までバスで登ることができるのです。これも、知識の有無によってとらえ方が変わってくるいい例です。

リフレーミングという現象はご理解いただけたと思いますが、ここで私たちが考えなくてはならないことは、仮にあなたが売っている1，000円の商品をあなたが安いと思っていたとしても、見る人によっては高いと感じるということです。

それを踏まえたうえで、リフレーミングをウェブに落とし込んでみましょう。

弊社ココマッチーの主力サービスである「ネット集客コース」は、初期費用10万円、「二人三脚！プレミアムコース」は月40万円という料金体系です。Ｗｅｂマーケティング全般のコンサル、リスティング広告運用、Ｗｅｂサイト改修までセットになっているBtoBサービスなので、工数を考えると安いと思っているのですが、人により受け取り方が異なるわけです。そのため、料金表の直前にこんな一文を入れてあります。

「川島さん、有名なのに安すぎじゃないですか？」「え?!? やっぱり、こんなに高いんですね！」

ココマッチーの料金に対する反応はさまざまですが、私達が少しずつ成長していける最低限の値決めを心がけています。

当初は「高い！」と思われた方も、３ヶ月後には「ここまでやってもらって、この料金は安いですね～」という声に変わるはずです。

この文章、いかがでしょうか？

まずは人によって捉え方が異なることを明示し、料金の理由付け、最後は安く感じてもらう。そんな流れを意識しています。

なんだかんだ言って、「安さ」は武器になります。安さを伝える表現としては、「他社との比較」「業界最安値」、「地域ＮＯ．１価格」。自社内の比較の場合は「お安くなりました」、「50％ＯＦＦ」。他ジャンルとの比較なら「コーヒー2杯分」、「１回の飲み代」。価値の提示では、

「これだけのメリットがあります」などが代表例です。

ZOZOSUITやツケ払い等、何かと話題を事欠かない日本最大級のアパレルECサイト「ZOZOTOWN」に登録すると、毎日のように割引クーポンが届きます。割引額は通常1，000～3，000円なのですが、これを「すごいお得」と感じる人にとっては、「好きなブランドを買うチャンス！　クーポンは本日限定だし」と、購入の後押しになるはずです。

書かなければ伝わらないことはたくさんあります。提供側が安いと思っていても、それは独りよがりなだけ。安いのなら、どのくらい安いのか、どんな価値があるからお得なのか、それを伝える工夫が重要なのです。

NO.22 コントラスト効果

一時期衰退気味だった銀座にも、今では一流ブランドの店舗がズラリと並んでいます。数百万円、数千万円するジュエリー、時計、バッグなどなど。とても庶民には手が出ないような商品がショーケースを飾っています。

そんな店に冷やかし感覚で入ると、いったいどんな人種がこんなものを買っているのかと、ついつい人間観察をしてしまうのは私だけではないはずです。

そんな銀ブラの後、デパ地下でお惣菜を1品2品買い込んでわが街に戻ると、○○銀座商店街が帰りを待っていてくれるのがうれしいものです。

そして、その価格設定がまたうれしくもあり、ふだんなら半額になるまで待つ山形牛の切り落としや比内地鶏の卵を定価で買ってしまいます。百万円のバーキンを買うと思えば、100グラム1，200円の山形牛なんて……。

そのように、高額な商品を見た後には、日頃は買わない商品に手が出てしまう心理現象を「コントラスト効果」と言います。百万円のバッグを見たことで、1，000円程度の牛肉

を安く感じるというわけです。

レストランのメニューには、「Aランチ4，000円」、「Bランチ1，500円」、「Cランチ1，000円」のようなコースが並んでいます。いわゆる「松竹梅」というやつです。料金設定にもよりますが、一般的に最もよく注文されるのは、真ん中のコース「竹」と言われています。ふだん、ランチは1，000円までと決めている人でも、比較となるAランチの存在によって、Bランチが意外に安く感じてしまうからです。

もちろん、店側もそのような心理をわかっているため、数は出なくても「松」を用意しておくわけです。

そして、普通は「竹」が一番利益率を高く設定してあるものです。機会があったら、ぜひ松竹梅のコース内容をじっくりと見比べてみてください。「梅」に茶碗蒸しが付いて、魚の煮物が西京焼きになっただけなのに500円もアップするの？　と疑問に思うはずです。

この例からもわかるように、コントラスト効果で重要なことは、一番売りたい商品を安く見せるために、高額商品を「見せ玉」として置くことです。「高いほうを買う」というお客様も、一定の確率で必ずいるからです。

それでは、コントラスト効果をウェブに落とし込んでみましょう。

コントラスト効果は何といってもECサイトとの相性が抜群です。日用品やアクセサリー等、単価の低いアイテムが中心の場合、何より客単価を上げることが課題になるケースが多いと思います。梅ばかり売れて、竹や松が売れないという悩みです。

「〇〇円買うと送料無料」といった施策はどこもやっていると思いますが、まずは人気のある梅から松竹梅を意図的に並べて様子を探ってみましょう。それでも改善が見られない場合は、梅のセット販売による割引でお買い得感を出すという手もありますし、松の価格を超える高額アイテムを少しだけ仕入れてみるといった抜本的な施策を考えたいものです。

弊社の「ネット集客コース」もさりげなく松竹梅を用意しています。「二人三脚！　プレミアムコース」は40万円／月、「まるっとお任せ！　ワンストップコース」は24万円／月、「手軽にはじめる！　ベーシックコース」は10万円／月という設定です。

あまり大きな声では言いたくありませんが、一番受注したいコースは「竹」のワンストップコースです。成果が出しやすいし、業務の内容・工数と料金のバランスが一番取れているからです。

もちろん、ご依頼いただければ喜んでプレミアムコースをお受けしていますが、いずれのコースも私自身が直接クライアントの元へお伺いするサービスなのです。そのため、定例会の頻度が値付けにおける重要な要素。毎月お伺いするプレミアムコースは、正直、若干割高に見えるように設定しています。

選べるコース	料金／月
二人三脚！プレミアムコース	400,000円（税別）
まるっとお任せ！ ワンストップコース	240,000円（税別）
手軽にはじめる！ベーシックコース	100,000円（税別）

※交通費別途
※広告費は別途かかります（実費）

各コースのサービス内容は以下の通りです。

	リスティング広告		ホームページ		サポート		
	広告運用	月次レポート	月次改善提案	ホームページ改善	初回訪問	メール・電話サポート	定例会
プレミアムコース	○	詳細レポート	○	○	○	○	毎月
ワンストップコース	○	簡易レポート	○	○	○	○	年4回
ベーシックコース	○	簡易レポート	○	-	○	メールのみ	年2回

すごいネット集客／ココマッチー　http://www.cocomatch.co.jp/sugoi/otherservice/

また、コース契約前に申し込んでいただく「お試し相談」は10万円で設定しています。これも決して「安い！」とはならない設定ですが、『「お試し相談」の料金は契約後のサービス料金から相殺しますので実質0円です』という一文により、コントラスト効果が発動。ものすごくお得な印象を与えることを狙っています。

我々に物が見えるのは、そこに光が射しているからです。真っ暗闇の中では、サービスのメリットも品質も手探りで感じ取るしかありません。

23 NO. テンション・リダクション

よほどお金に不自由していない人を除き、家の購入にはどうしても慎重になります。数千万円もの大きな買い物になるわけですから、当然です。

予算を決めて、ホームページや資料請求で情報収集。住宅展示場やモデルルームを何件もまわっても、「広さは十分だけど、ちょっと予算オーバー」、「通勤時間が長すぎる」と、なかなか決断できるものではありません。住宅の購入は、将来自分史を作成するとなったときに必須項目となる一大イベントだからです。

ところが、いざ物件が決まって契約を結ぶ段になると、購入者にある変化が訪れます。「どうせ、○○なんだから」という変化です。

「どうせ一生ものなんだから、オプションの食器洗浄機つけましょうよ」、「このオプションもこのオプションもつけましょうよ。どうせ大きな買い物なんだから」などです。身に覚えはありませんか?

このように、緊張する出来事がすんでしまうと、心理的に無防備な状態になってしまう現象を「テンション・リダクション」と言います。

マイホームを買うという緊張の後、ついつい予算を超えてオプションを付けてしまう心理はテンション・リダクションの典型です。オプションの追加など、海千山千の営業マンにしてみれば、赤子の手をひねるも同然なのです。

ちなみに、このような心理現象を利用して、商品購入後、他の商品を勧める戦術を「段階的要請法」と言います。

昔、ファストフード店でハンバーガーを単品で注文すると、「ご一緒にポテトもいかがですか?」と聞かれたものです。

これが段階的要請法で、店員のスマイルに負けて、ついついポテトを頼んでしまう心理がテンション・リダクションというわけです。

マーケティング用語に、「フロントエンド商品」、「バックエンド商品」というものがあります。

これを簡単に説明すると、フロントエンド商品とは比較的購入しやすい商品のことで、バックエンド商品とは、本当に売りたい高額な商品や、継続的に売上が発生する商品のことを指します。

占い師の中には、お墓をバックエンド商品にしている人がいます。占いの過程で自分という商品を信用してもらい、最終的に「ご先祖様を大事にしないと、とんでもないことになるよ！」という殺し文句でクロージング。そして、占い師は提携している石材屋を紹介し、そこからお礼としてバックマージンをいただくという仕組みです。

それでは、「テンション・リダクション」をウェブに落とし込んでみましょう。

税理士向けに各種サービスを展開している「株式会社ＫＡＣＨＩＥＬ（旧InspireConsulting）」のホームページには、テンション・リダクションを活用した売上増の仕組みが巧みに取り入れられています。

例えば、ＤＶＤ購入後のサンキューページ。一般的にサンキューページは購入者へのお礼の言葉があるくらいですが、ここの長い長いサンキューページは一味も二味も違います。まず目に入るのが、定額制サービスの「月刊税務調査対策」に申し込むと、今購入したＤＶＤが無料になるというバナー画像。これは強烈なオファーです。

そして、月刊税務調査対策のサービス紹介が延々と続きます。その後、お客様の声、二度目の会員特典紹介と続いて、ようやく入会金と月会費の紹介が現われます。

購入完了画面で、他の商品を紹介するという手法は大手ショッピングサイトでも見かけますが、財布の紐がゆるんだ瞬間に他の商品を紹介することで、かなりの成果を上げています。

同時購入を促す同程度の価格帯の商品を、マーケティング用語で「クロスセル」、より高

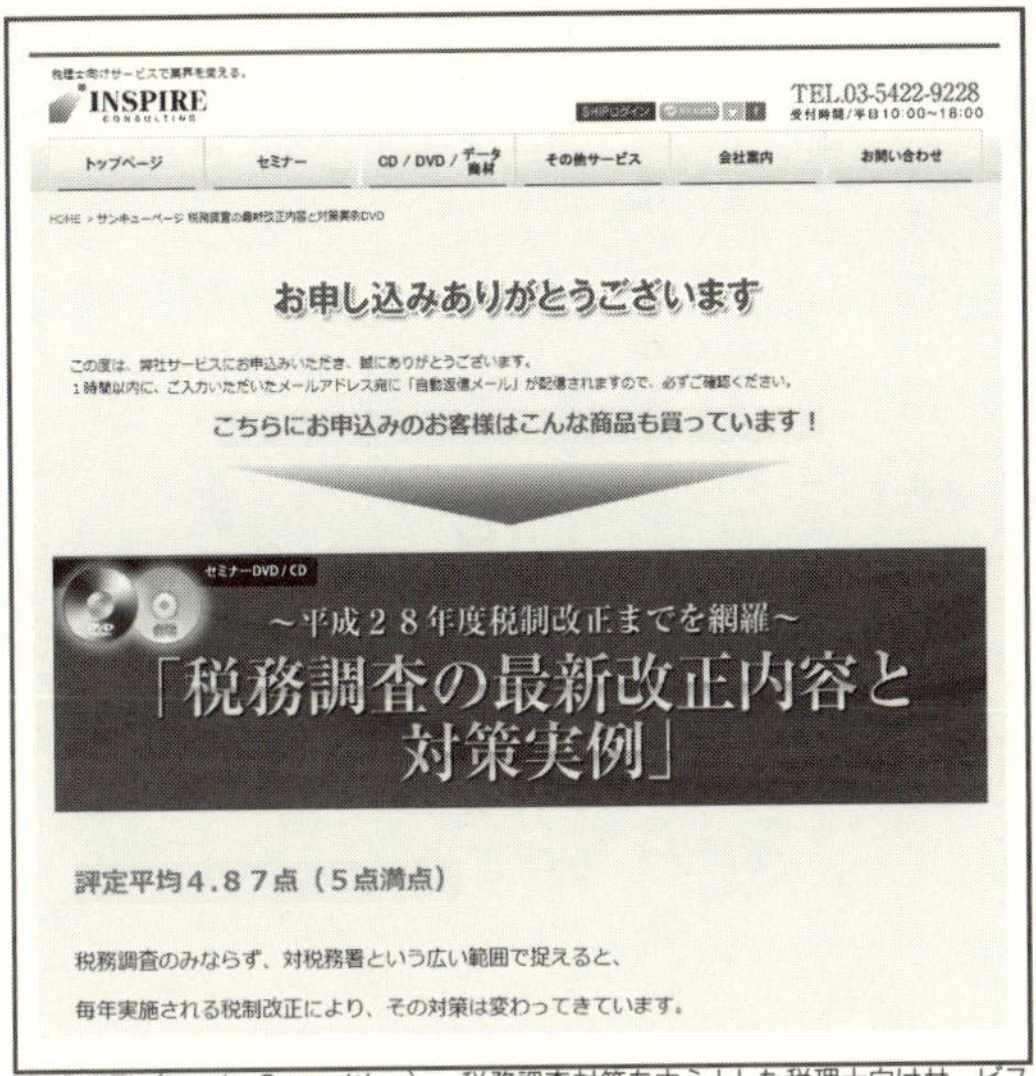

KACHIEL（InspireConsulting）―税務調査対策を中心とした税理士向けサービス
http://inspireconsulting.co.jp/

額な商品を「アップセル」と言います。

この例では、定額制サービスへ誘導することで、ＬＴＶ（ライフタイムバリュー）の最大化を狙っているというわけですね。

また、購入完了画面だけでなく、購入者に自動送信されるサンキューメールの中でクロスセル、アップセルを狙うという手法もあります。

もちろん、この書籍のバックエンド商品は……「ネット集客コース」というわけです。

NO.24 クーリッジ効果

アメリカ第30代大統領カルヴィン・クーリッジ。彼には、こんな逸話が残っています。

ある日、夫人を連れて農場の視察へ行ったところ、それぞれ鶏小屋を案内されました。夫人はとても元気のよい鶏を見て、「この鶏は1日に何回くらい求愛するの？」と飼育係にたずねました。「1日に何回でも求愛しますよ、奥様」という答えにニッコリ笑った夫人。「それを旦那に伝えておいてね」と言い残して鶏小屋を後にしました。

次に鶏小屋を案内された大統領は、飼育係から夫人の話を聞かされ、「その鶏は、いつも同じメスに求愛するのかな？」とたずねました。「いいえ。毎回違うメスに求愛しますよ、大統領」という答えにニッコリ笑った大統領。「それを女房に伝えておいてくれないか」と言い残して鶏小屋を後にしました。

この逸話の真偽は定かではありませんが、新しいメスの存在がオスの行動に刺激を与えることを「クーリッジ効果」と言います。逸話から生まれた心理的効果というわけです。

しかし、クーリッジ効果をオスとメスという側面だけでしかとらえないのはもったいない

話です。新しいメスとは、ビジネスでは何を意味するのか？　そこに注目してみましょう。

トヨタのカローラのような人気の車でも、数年ごとにモデルチェンジを行ないます。伝統のスタイルを残しながらも、時代に求められるデザインや最先端の技術を取り入れることで買い替えを狙う戦術です。ときには、フルモデルチェンジによって伝統のスタイルが一新され、驚かされることもあります。伝統には伝統のよさがありますが、自動車業界は常に新しいメスを市場に送り出すことで、消費者というオスの購買意欲を刺激し続けているというわけです。

モデルチェンジで思い浮かべるのが、スマートフォンやパソコン、テニスやスキー用品です。テニスやスキー用品のモデルチェンジは毎年恒例となっていますが、パソコンに至っては春夏秋冬、年4回のモデルチェンジするケースも珍しくありません。メーカー側はマイナーモデルチェンジという便利な言葉を使いますが、さほど進化の見られない、プチモデルチェンジを繰り返しているのです。

そういった戦術も、人間は基本的に新しモノ好きだとわかっているからに他なりません。

それでは、クーリッジ効果をウェブに落とし込んでみましょう。

ホームページというメディアを端的に表現すると、「情報発信ツール」となります。そして情報とは、質、量、鮮度、信頼性、認知度の五つの要素によって価値が生じるものです。

つまり、最も価値ある情報とは、信頼のおける情報源から発信された、質、量ともに十分な、ほとんど知られていない最新情報ということになります。そういった意味では、いかに優れた情報であっても、いったんマスメディアやインターネット上に流れた情報は、誰でも手に入れることができる、価値の低い情報と言えるでしょう。

そして、ホームページが世界中の誰でも見ることができる情報発信ツールである以上、あなたの発信する情報は認知度以外の四つの要素で勝負する必要があるのです。

そこでクーリッジ効果を考えた場合、頻繁な更新という基本的なことが、いかに重要なのかご理解いただけると思います。新しい情報がメス、訪問者がオスというわけです。

ひと言で頻繁な更新と言っても、Ｗｅｂマーケティングにおけるポイントはいくつもあります。

まずは「新着情報」。基本ですね。これを置くだけで、ホームページのリピーター最新情報を一目で探せます。どこが新しくなったかなんて、社内の人間以外なかなかわからないものですからね。

しかし、新着情報が仇となるケースもあります。最新情報が半年も1年も前のものでは、単に「サボりの記録」となってしまいます。1年も2年もホームページをほったらかしている会社と、頻繁に更新している会社。あたなはどちらを選びますか?

逆に、頻繁に更新できるコンテンツ、更新しやすいコンテンツを用意しておくという手も考えられます。

美容院のホームページであれば、お客様に許可をもらって写真を撮らせてもらい、「今週のベストカット大発表！」のようなタイトルで写真や解説文を追加。これなら頻繁に追加できるはずです。これはＩｎｓｔａｇｒａｍとの相性も良いはずなので、ＳＮＳとホームページを連動させるといいでしょう。

オウンドメディアは特に、情報の鮮度が大切です。検索して辿り着いた記事が、実は2年も前のものだった…という経験をした方も多いはず。そこで、記事の投稿日だけではなく最終更新日も表示するのです。訪問者にしてみれば、「この記事は書きっぱなしではなく、新たな情報に更新しているんだな。ちゃんとしたメディアなんだな」と思うに決まっているのですから。

新しいメスも、オスに気づいてもらうことができなければ意味がありません。あなたが飼育係になってオスを興奮させるのです。

Lesson 3

お客をとりこにするウェブ感情論

No.25

バーナム効果

性格判断で、最もメジャーなものが「血液型」による分類です。おおざっぱに分けると、A型は几帳面で神経質、B型はおおざっぱ、O型はおおらか、AB型は変わり者。一般的にはこんなイメージでしょうか。

実は、血液型による性格判断は数十年前にある日本人が生み出したもので、科学的に何の根拠もないのですが、すっかり定説となってしまいました。

とはいえ、血液型は最もメジャーな占いでもあります。朝のテレビ番組でも血液型占いをよく見かけますが、こんな経験はありませんか？

あるテレビ番組では、あなたの血液型は最高の運勢だったのに、他局では最低の運勢。ラッキーアイテムは赤いパンプスと言われても、俺は男だし……。そんなとき、よかったほうの占いが今日の運勢だと信じ込むという経験です。

そんな、自分にとって肯定的な意見や情報を信じてしまう心理現象を「バーナム効果」と言います。

バーナム効果には別の側面もあります。

占い師定番の文句、「あなたはいま、悩みがありますね?」。占いに来る人なんて、まず間違いなく悩みがある人ですから、誰にでも当てはまります。そもそも、悩みがひとつもない人なんて、皆無と言っていいでしょう。

さらにもうひとつの定番、「小さい頃、あなたは大きな失敗をしましたね?」という質問。やはり99%の人は、この質問への答えはYESとなるはずです。

「小さい頃」、「大きな失敗」というあいまいな言い回しから、小学生の頃、夏休みの宿題が終わらなかったとか、高校時代に大失恋をしたとか、人は自分に当てはまる経験を探してしまからです。

このように、あいまいで一般的な表現でも、自分だけに当てはまることとしてとらえてしまう現象もバーナム効果です。面白いので、もう少し続けましょう。

「玄関の近くに青いものが見えます。何か丸いものです」

「ああ、それは子供の三輪車ではないでしょうか?」

「そうです。丸いタイヤが見えてきました。その三輪車ですが、買った店は東の方角ではありませんか?」

「家から見ると西になりますが……」

「あなたの勤め先からは？」

「ああ、東ですね」

「あなたの場合、多くの時間を過ごす会社からの方角が重要になります」

これは極端な例ですが、占い師の会話というものは、文字にしてみると巧みな会話術で成り立っていることがわかります。

丸いものは勝手に探してもらえるし、方角にしても臨機応変に基点を変更できるようにしておくというわけです。

それでは、バーナム効果をウェブに落とし込んでみましょう。

世の中の商品は、大きく2種類に分けることができます。ひとつは願望を叶えるもの。車や住宅、ファッション等がそれに当たります。もうひとつは悩みを解決するもの。

眼精疲労改善のための専門サロン「休眼」もズバリ悩み系。アロママッサージやエステサロンのメニューの中には眼の疲れを改善に導くものがありますが、眼精疲労に特化することで独自のポジショニングを作った好例です。

ホームページ内にも、「目元の筋肉のコリ」、「30分寝ているだけ」、「目元から始めるアンチエイジング」といった魅力的なフレーズが並んでいます。

では、バーナム効果と相性の良いキャッシングを例にキャッチコピーを考えて見ましょう。

いま、「お金にお困りの方」というコピーを思いついた方、正解です。でも、それだとあまりにも芸がありません。

お金に困っている人が次に悩むこと。それは、「どこで借りるか」ということです。つまり、「利息が高いと厳しいなぁ」、「取り立てがキツイところは嫌だなぁ」、「審査に通るかなぁ」など、そんな悩みを抱えているわけです。

そこを踏まえて、こんなコピーはいかがでしょうか？「利息・取り立て・審査で悩むならAキャッシング」。これに、バーナム効果を加えて、「利息・取り立て・審査でずっとお悩みなら、Aキャッシングが解決します」。

いかがでしょう？「ずっと」というあいまいな期間を加えることで、より強烈なコピーになりました。「ずっと」の日数は、読み手が勝手に置き換えてくれます。

また、悩み系のサービスは、結局のところ問題解決を求められるものなので、ズバリ「解決します」という一文が効きます。

あなたの商品は願望系と悩み系、どちらに属するものでしょうか？

もし悩み系なら、ホームページにバーナム効果を取り入れて、あなたの悩みをズバリ解決してください。

NO. 26

返報性の法則

スーパーマーケットの食品売場にはマーケティングの視点から学ぶ点がいくつもあります。その代表例がVMD（ビジュアルマーチャンダイジング）。平たくいうと、マーチャンダイジング（商品化計画）のビジュアル化となり、お客様の導線を考えて売場のレイアウトを変えたり、見た目や利便性を考慮して商品陳列を工夫することです。

例えば、多くのスーパーは入口を入ってすぐ野菜売場があります。野菜売場は工夫次第で色とりどりのカラフルな陳列ができますし、高い棚を置かないので開放感があるため、入口に配置するのが適しているというわけです。第一印象が違いますからね。

また、スーパーといえば試食です。調理した加工食品や新商品のデザートなどをその場で振る舞うプロモーション。おいしそうな匂いに誘われて、老若男女の行列ができる光景はよく目にすると思います。

よほど傲慢な方でない限り、試食した際、少なからず「買わないと悪い気がする」と思うはずです。販売員の方もその気持ちを知ってか、無理に「買ってください」という言葉を発

することはありません。

そのように、他人から受けた施しに対して、何かお礼をしなければならないと思う心理を「返報性の法則」と言います。

数百円の義理チョコだとはわかっていても、ホワイトデーにしっかりお返しをしないと悪いな。年賀状をもらったので、無視するわけにはいかないな。マナーや礼儀という面もありますが、そのようなシチュエーションで生まれる感情こそが返報性の法則なのです。

返報性の法則には嫌悪の返報性もあります。自分のことが嫌いだと露骨にわかる相手や陰口を叩いているのを聞いたことがある相手に、ついつい冷たく接してしまったり、嫌悪感を抱いてしまう心理です。

ギブアンドテイクという言葉も返報性の法則に近いのですが、できればテイクやお礼については気にせずギブギブギブに尽くしたいものですね。

それでは、「返報性の法則」をウェブに落とし込んでみましょう。

返報性の法則というと、お役立ち情報をＰＤＦやステップメールにまとめた無料のオファーを与え、商品購入やイベント参加を促すという流れを予想した方がいると思います。それはそれで有効な手法ですが、ここではブログにおける返報性の法則にフォーカスしてみたいと思います。

世の中には人気ブロガー、プロブロガーと呼ばれる方がいます。私流に人気ブロガーを3種類に分けると、その道の専門家タイプ、イラッとする炎上タイプ、切り口ややることが面白いタイプとなります。あえて誰とは書きませんが、思い当たるブロガーが1人や2人いるはずです。

この3タイプの共通点は記事の内容で勝負している点です。ブログという書くメディアなので当然ですが、書くことで影響力を保っているわけです。

ただ、ブログは世に登場したときよりもコミュニケーション重視のソーシャル的な側面を持つようになってきており、別のタイプのブロガーも増えてきました。

Webライターやモデルとして活躍する空条れいれいさんは元々、アメブロやTwitterで情報発信を続けていたのですが、LINEブログのコミュニティにおける影響力には目を見張るものがあります。

LINEブログは2014年11月に芸能人や有名人に特化したブログサービスとしてスタートしたのですが、2016年11月に一般解放されました。私は正直、お客様に薦められるサービスかどうかを判断するために手をつけたのですが、いつの間にか空条れいれいさんのファンになっていたのです。

圧倒的な投稿数による露出や「エビバデ、もす!」といった面白い言い回しもクセになる理由ですが、（勝手に）ＬＩＮＥブロガーさんを応援するプロジェクト「Ｋ応Ｐ」でたくさんのＬＩＮＥブロガーを巻き込む力は凄いのひと言です。誰でも、自分自身や自分のブログが著名なブロガーに紹介されてうれしくないはずはありませんよね。

この記事は、ＬＩＮＥブログの中の人が選ぶＨＯＴ記事やおすすめ記事にも頻繁に取り上げられることで、ますます信用を得ているわけです。

今回、ウェブ心理学改訂版の出版にあたり、ウェブへの落とし込みの事例を広く募ったのですが、少なからず返報性の法則を意識してのことだと白状します。単純に「うれしい」という感情もあると思いますが、自社のホームページが本に載れば、「せっかく掲載してくれたのに何もしないのは悪いなあ」と、各所で紹介してくれるはずですからね。いえ、決して無理強いはしませんが。

NO. 27

両面提示・片面提示

とある深夜のトーク番組で、司会者が女の子たちにこんな質問をしていました。テーマは、「後からわかった彼氏の欠点」。

女の子たちは、「どうしようもないマザコンだった」、「とんでもなく几帳面な人だった」、「あり得ない趣味を持っていた」と、楽しそうに言いたい放題。なかには、「本当にそんなやついるのか？　やらせだろう？」と、思わず突っ込みを入れたくなるものまでありました。

付き合う前や付き合った当初は、自分をよく見せよう、いい人間でいようとして、なかなか素の自分を出さないものですが、時が経つにつれて、それが露になり、悲劇につながることもあります。

逆に、最初にすべてを知ってもらうという男性がいます。給料が安いこと、脱ぐとけっこう太っていること、転勤が多いこと等、それだけ聞くと、付き合うまでに至らずに終わってしまいそうですが、実際はそうでもないそうです。正直な人、飾らない人、将来のことまで考えてくれる人、とプラスにとらえられることが多いそうです。

一方の面しか見せないことを片面提示、両方の面を見せることを両面提示と呼びます。
もちろん、片面提示はいい面だけを見せるのが普通です。悪い面だけでは、ただの変人になってしまいます。

先ほどは、恋愛を例にして説明しましたが、本来これらの用語はマーケティング用語です。
営業マンが、訪問先で自社商品について説明するとき、よい面だけを強調するのか、商品の欠点まで伝えるのか……そんなシチュエーションで説明されることが多い用語です。

では、片面提示と両面提示、どちらが営業に適しているのでしょうか?

Aさんのセールストークは、「当社のパソコンは処理速度に優れていて、ソフトがたくさん入っているのでお買い得ですよ」(片面提示)

Bさんのセールストークは、「当社のパソコンは、処理速度に優れていて、ソフトがたくさん入っています。多少高価ですがお買い得ですよ」(両面提示)

あなたは、どちらの営業マンからパソコンを買いますか?

パソコンの場合、どのポイントを重視するかという問題もありますが、両面提示を用いたBさんのトークのほうが、信頼感があると感じたはずです。

両面提示の場合、最初から商品の欠点を伝えておくことで、購入後のミスマッチを防ぎ、クレームを減らすことができるし、結果的に満足度が高くなるというメリットもあります。

それでは、「片面提示」、「両面提示」をウェブに落とし込んでみましょう。

弊社コーポレートサイトの「その他サービス業の方へ」のページには、このような文章を掲載しています。

「ココマッチーに営業マンは1人もいません。新規案件の割合は、口コミ・紹介とネットが4：1。「ネット集客を生業にしているのに？」と意外に思われるかもしれませんが、実は理想に近いカタチです。これはクライアント様に対しても同様。究極の目標は「私達が完全に手を引くこと」だと思っています」。

ネット集客というサービス内容と自社の営業方法の食い違いをあえて出す意外性で記憶に残るはずだし、流れの中で自社の役割をアピールしているのです。

本音では、いくら口コミや紹介だけで十分な集客ができるようになっても、一定の広告はかけておくべきだと思っています。ただ、究極の目標を達成するレベルまでお付き合いしたいという願いも込めているのです。

両面提示はまた、キャッチコピーや見出しにも応用できます。

「30分お待ちいただくのは、おいしい鰻の証です」

これは鰻屋のキャッチコピーですが、30分待つということは、注文後にうなぎを捌いてじっくりと炭火で焼く、本物の鰻屋だとアピールしています。待たせるという欠点を、利点に結びつけている好例です。

「映像、音声収録一切なし。門外不出のセミナーです！」

以前、こんなキャッチコピーを使ったことがあります。セミナーを開催する場合、ビデオ撮影し後日、ＤＶＤとして販売するのが常套手段です。

しかしこのセミナーでは、講演依頼した先生に収録ＮＧだと言われてしまったのです。ただ、セミナーには参加したいが、ＤＶＤを待つという方が全国各地にいることもわかっていたので、収録ＮＧというトラブルを、セミナー自体の集客に活かそうと考えたわけです。

ただ、ひとつだけ注意が必要です。それは、クロージング時点での両面提示です。すでに購入への意思が固まってきている方に対して、欠点の提示は不要です。最後の背中を押すものは、あくまでも商品のメリットなのです。

これは、ホームページでも同様です。商品の注文画面には、くれぐれも欠点を書かないようにしてください。両面提示で心に潜り込み、片面提示でクロージングする。美しい営業とは、かくあるべきなのです。

NO.28 暗黙の強化

人の「褒め方」にもいろいろありますが、間接的に目の前の相手を褒める方法があります。それは、他者を落とすというやり方です。あまり褒められた方法ではありませんが、やり方によっては、いい具合に働きます。たとえば、こんな言い回しです。

ある会社に打ち合わせに行った際、そこのライバル企業のことに触れ、

「あそこの会社の経営、最近厳しいらしいですね」

とひと言。相手にとってみれば、ライバル企業よりも自社を評価してくれていると感じるはずです。口から出まかせや言いすぎはイメージダウンになりますが、他社とのさりげない比較が、相手を持ち上げることにつながるのです。

このように、比較対象となる人を叱ったり落とすことで、相対的にもう一方は褒められていると感じる心理を「暗黙の強化」と言います。これは、教育現場や日常会話の中でも使えるので、ぜひ覚えておいてください。

暗黙の強化は逆のパターンもあります。

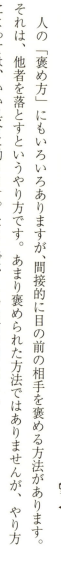

上司がAとB、2人の部下を呼び出し、Aの営業成績を褒めたとします。Aは単純に「自分は褒められた」と思いますが、実はその上司の真意はBを叱ることにあったのです。目の前でAが褒められることで、Bが自分の成績を恥ずかしく思い、自分が叱られたように感じることを狙っているのです。

日本ではあまり見かけませんが、アメリカでは比較広告は一般的です。テレビCMや雑誌のようなマスマーケティングにおいても、同業他社の商品を出し、機能や性能で自社製品がどんなに優れているかをアピールする広告です。

ペプシコーラの比較広告は、とくに過激です。

「コカコーラのトラック運転手がペプシコーラを買う」

「少年が、コカコーラを踏み台にして自動販売機にお金を入れてペプシを買う」

「UFOがコカコーラとペプシを吸い上げた後、ペプシの自動販売機だけを持ち去る」

なかには、内容があまりにも過激すぎるため、アメリカ国内でも問題になったCMもあるほどです。

日本では実名を隠して「A社」、「B社」と表記するのがせいぜいですが、それでもインパクトはあります。

たとえば、ライバル会社の不祥事は絶好のチャンスです。最大手の英会話学校が多くの法的トラブルが原因で倒産した際、ある企業はこんな一文で広告をはじめました。

「今、英会話学校を見つめる目は、とても厳しくなっています」

マンションや食肉の偽装問題、お菓子の賞味期限偽装等、業界全体のイメージ悪化につながる不祥事を、ただただ嘆くだけではもったいない。それを逆手に取った広告で、自社の信頼を獲得することができるのです。

それでは、「暗黙の強化」をウェブに落とし込んでみましょう。

他社商品との比較はもちろんありですが、暗黙の強化を利用して訪問者を間接的に褒めるのも効果的です。

人間誰しも、ライバルや敵視している対象がいるものです。それを、コピーライティングに利用してみてください。

予備校や学習塾の広告の「ライバルに差をつけろ！」。これはど真ん中のストレートですが、「この夏、差がつく夏期講習」なんていうキャッチコピーも、ライバルとの競争心に火をつけるいい書き方です。

ダイエット関連であれば、

「隣の奥さんが驚いた！　驚異の1週間ダイエット！」

「でっぷりママさん仲間から一歩抜け出す激やせサプリ」

「一番人気をこっそり奪取！　たった10日で怠け娘を追い越す七つのくびれ復活術」

こんなキャッチはいかがでしょうか？　ポイントは、読み手にとっての「仮想敵」を作り上げること。誰にも知られず、こっそりはじめたいのがダイエットなので、ライバルをイメージさせることで心をくすぐることができるというわけです。

すぐに暗黙の強化をホームページで活用したいというワガママな方は、このコピーを覚えておいてください。

「＊類似商品にご注意ください」

この注意書きを掲載するだけで、この商品は業界で注目されていて、似たような商品が出回っているとアピールすることができます。

ネットの世界に限ったことではありませんが、新しい切り口の商品やサービスには、必ず追随してくる会社があります。

認知度が高まることを考えれば、ライバルの出現は決してデメリットだけではないのですが、それを逆手にとって、「類似品にはご注意ください」をＰＲ戦略に組み込んでみてください。

NO. 29 エピソード記憶

季節の変わり目になると、歌番組でこんな企画をよく見かけるようになります。

「あなたにとって夏の定番曲は？」、「ウィンターソングの定番は？」、「失恋ソングベスト10」、「結婚式のベストソング」といった類いのアンケート企画です。曲紹介の合間には、アンケート回答者がその曲を選んだ理由が流れたりします。

「3年間付き合っていた彼と別れ、一人部屋で泣いていたとき、ラジオからこの曲が流れてきたんです」、「やっぱり、夏と言えばこの曲。学生時代、ドライブしながらいつもこの曲を聴いていました」。理由はさまざまですが、共通点は自らの体験、エピソードと楽曲が結びついているということです。

記憶というものは、自分のエピソードと関連づけられて脳内にしまわることが多く、これを「エピソード記憶」と呼びます。

テレビＣＭで、昔よく聞いていた大好きな曲が流れると、条件反射で目を向けてしまうことがあります。これは、ターゲット層の学生時代に流行った曲をリサーチし、ＢＧＭに採用することで、特定の年代へ強烈なアピールをするという戦術です。

エピソード記憶は、音楽以外にも見られます。

たとえば食べ物。おふくろの味の代名詞とも言うべき肉じゃがを食べると、母親のことを思い出したり、メニューにあるグラタンという文字で、昔付き合っていた彼女が得意だったグラタンとともに、いろいろな思い出が脳裏に浮かんできたりします。

何らかのエピソードがあることで、強く記憶に残るものなのです。

平々凡々とした旅行よりも、何かしらハプニングがあったほうが、後々いい思い出になるし、よく叱られた先生ほど、大人になってから思い出すものです。

何度見ても忘れてしまう歴史の年号を、カンニングしようと思って消しゴムに書いたとたん、スポッと頭に入った経験があります。

これも今考えると、消しゴムに書くという行為がエピソードとなって、強く脳裏に焼きついたと言えるのではないでしょうか。

もう一歩踏み込んで考えてみると、商品を売る際、誰もが経験ありそうなエピソードを提示することで、その商品へ特定のイメージを強く植えつけることが可能になります。

たとえば、煎餅のパッケージに、「おばあちゃんが焼いたセンベイの味」と書くことによって、素朴な味、懐かしい味、優しい味といった商品の特徴を、強くアピールすることができます。

今どき、おばあちゃんが焼いてくれたセンベイを食べたことがある人のほうが少数派だと思いますが、誰もがおばあちゃんがセンベイを焼くノスタルジックな風景を、実際のエピソードのように思い出すはずです。

それでは、「エピソード記憶」をウェブに落とし込んでみましょう。

自然食品を扱うショッピングサイトであれば、健康、安全というイメージを訪問者に植えつけたいものです。

では、多くの人が当てはまり、健康を想起するようなエピソードとは何でしょうか？　こはストレートに、「健康診断」というエピソードはいかがでしょう。

「去年の健康診断で高血圧と診断された。医者に相談したら、玄米がいいらしいのだけど……」

こんなコピーを使うと効果的です。健康診断で、何らかのチェック項目がある人の目を引くことができるはずです。

単純に、「高血圧が気になるあなたには、この玄米がお勧めです」と書くより、ずっと心に響くキャッチになります。

このように、多数に当てはまるシーンをイメージして文章化することがポイントです。また、健康診断の写真を用いることで、エピソード記憶をよりいっそう強化することもできます。

歌の歌詞や流行語をコピーに組み込むのも一法です。

商品ターゲットの青春時代に流行った歌や流行語をリサーチし、コピーに組み込んでみてください。歌詞のサビや流行語は、もともとキャッチコピー的な要素も含んでいるためインパクト大です。

「もはや、中古住宅ではない」

「今まで生きてきた中で、一番おいしいです」

元ネタを崩しすぎないよう、いろいろと考えてみてください。詰まったときは、検索「流行語」で調べるといいでしょう。

エピソード記憶を応用することで、つまらない説明だらけのホームページに楽しさとインパクトを与えることができるはずです。

NO. 30

視線解析

「目は口ほどにモノを言う」という諺があります。

嘘をついたときに目が泳ぐ、酔っ払いの目が据わる。目は、脳からつながっているたくさんの器官の中で、唯一体の外に飛び出している器官であり、それだけに人の心理状態が最も出やすいのです。

目から火が出る、目が高い、目が回る、目に浮かぶ、目を三角にする等、数多くの慣用句があるのも、「目は口ほどに……」を証明しています。

ここで紹介する「視線解析」は、目の動きから人の心理を捉える手法で、NLPという自己啓発セミナー等で紹介されているものです。

面白いもので、人間は過去の出来事を思い出すときは左、未来のことを考えるときは右を見るのです。

そして、過去や未来を視覚でイメージするときは上、聴覚でイメージするときは真ん中、体感覚でイメージするときは下を見ます。

これを合わせると、過去の出来事を視覚でイメージするときは左上、未来の出来事を体感覚でイメージするときは右下を見るということになります。

なかには、過去と未来、左右の動きが正反対という人もいます。ですから、まずは簡単な質問をして、その人が過去の記憶を呼び起こすとき、どちらを見るかをチェックするのです。

それがわかればしめたもの。あなたの恋人や配偶者の帰宅が遅かったり、携帯電話が鳴るとちょっと慌てるなどの怪しい兆候があったら、黒目を意識して質問をしてみるのです。

「仕事の後、誰かに会ってたの?」

「上司に誘われて、一杯やってきたんだ」

ここで、右(未来の方向)を見ていたら、かなりの確率で嘘をついていることになります。本来なら、過去の方向を見るはずなのに、未来の方向を見るということは、何かしら嘘の情報を脳内で作り上げたということになるからです。

視線解析は、自分自身にも使うことができます。財布をどこかに置き忘れてしまったとき、過去の方向である左を見てください。目を左にシフトさせることによって、過去記憶の引き出しへとアクセスできるからです。さらに、シフトを左上に入れることで、視覚情報が甦ってきます。

興味を持った方は、各社が開催しているセミナーでより深く学んでみてください。お勧めです。

それでは、「視線解析」をウェブに落とし込んでみましょう。

最も簡単な方法は、過去の情報を左側、未来の情報を右側に置くという方法です。X軸（横軸）が時間の折れ線グラフも、普通は左が過去で右が未来ですよね。

弊社のトップページには見込み客となる会社によくある悩みを説明した箇所があります。一見、単純に横並びになっているように見えますが、実は左から時系列に並んでいるのです。

（過去）有名なネット企業から電話営業があってお願いしたけど、特に効果を感じることもなく契約を打ち切ってしまった……次は失敗できない、したくない

（現在）複数の専門業者に仕事を依頼しているが、集客に結びつかない。原因を押し付けあってばかりでイライラしている。

（未来）地元の同業の目が気になるので二の足を踏んでいるが、本音ではネット集客で地域No．1を目指したいと思っている

また、日本人は視覚・聴覚・体感覚のうち、視覚が強い人が圧倒的に多いのが特徴です。ホームページというメディアも視覚による情報収集が中心になります。

そこで、店舗型ビジネスの方にオススメなのが、Google ストリートビュー（インドアビュー）です。これはウェブ上で建物の内部や室内を360℃パノラマでぐるりと見渡すこ

とができるサービスです。自由に動き回ることもできるし、タグのコピペで容易にホームページに埋め込むこともできます。

屋内の雰囲気が集客の大きなポイントとなるホテルやレストランはもちろん、美容室やエステ、歯科医院に貸し会議室等、さまざまな業種で効果的なサービスです。変わったところでは、透析クリニックのホームページでも活躍しています。Google マップにも表示されるので、検索ユーザーにアピールできるのもうれしいですよね。

Google の認定パートナーに写真を撮ってもらう必要がありますが、安いところだと数万円で依頼できます。初期費用しかかからないので検討してみてはいかがでしょうか？

視線解析は、日常のコミュニケーションはもちろん、ホームページ戦略においても使えるノウハウです。

私には、この心理術を知ったあなたが成功する姿が見えます。そこには、大勢の社員から賞賛を浴び、肩を抱き合って喜ぶあなたがいます。

NO. 31 希少性の原理

お土産の定番に、地域限定のお菓子があります。北海道のマルセイバターサンド、山梨の信玄餅、広島のもみじ饅頭、京都の八つ橋などがメジャーどころでしょうか。

メーカーもこの特性に目をつけ、既存のお菓子を地域の特産品の味に仕立てた、新たな定番を作り出そうと躍起です。夕張メロン味や水戸納豆味、博多の辛子明太子味のお菓子といえば、いくつか思い出すのではないでしょうか？　なかには、巨大な箱でやたらめだつものもあります。

地域限定のお菓子が定番になるまでは、ごく普通の饅頭に地名を刻印しただけの面白味のない商品が土産屋の棚を占領していましたが、趣向を凝らした商品が増えてくるのは消費者にとってはうれしいことです。

では、地域限定のお菓子が売れる理由は何でしょうか？　それは〝地域限定〟だからです。文字通り、（基本的に）その地域に行かなければ手に入らない商品だからです。

限定品や数少ないものに心が惹かれる心理を「希少性の原理」と言いますが、限定の仕方は地域だけではなく、数や期間等、あらゆる面で演出することができます。

自動車やバイク業界でも、希少性の原理を利用した戦術を用いています。○○エディションというネーミングでエクステリア（エアロパーツやボディカラー等の外装）、インテリア（本皮シート等の内装）を変えた車がそれです。販売台数を限定して、顧客の購入意欲を煽るのです。

楽天を代表とするショッピングサイトをにぎわせているのが、お菓子業界です。最近では、お菓子というよりスイーツ、ネットショッピングというよりお取り寄せといったほうがしっくりくるようです。

場所や時間の問題で、これまで買えなかった評判のスイーツが自宅に居ながらボタンひとつで買えるわけですから、便利な時代になったものです。

しかし、どうやら理由はそれだけではないようです。

売上ランキングを見て気づくのが、「ネット限定」のスイーツが上位に多いという点です。店に行っても買えない幻のスイーツの存在が、お取り寄せの価値をさらに高めているのです。

さらに、個数限定、期間限定をプラスした、ダブル限定、トリプル限定の戦術で希少性の原理を最大限に利用しています。ランキング上位の店舗はものすごい売上なので、その地位を夢見て、決して安くはない出店料を払ってでも店を出すのも頷けます。

それでは、希少性の原理をウェブに落とし込んでみましょう。

Googleが提供するリスティング広告の中でも、大量のインプレッション数（表示回数）が期待できるのがディスプレイネットワークです。これは設定したキーワードやユーザーの興味・関心にマッチしたホームページ、ブログ、スマホアプリ等に広告を打てる配信方式のこと。ｌｉｖｅｄｏｏｒやＹＯＭＩＵＲＩ ＯＮＬＩＮＥのようなメジャーどころにも広告が表示され、一気に認知度アップが狙えるのもメリットです。

ただ、下手な広告クリエイティブでは、クリック率が０．０１％などという低い数値が出ることもあります。クリック課金なので広告が表示されるだけでは広告費はかかりませんが、広告を見た上でクリックされないのと目に止まらないのとではまったく意味が違います。

そこで登場するのが希少性の原理です。イメージ広告に「季節限定」、「残り１００個」、「1月31日まで」といったアイキャッチを付けてみてください。単純に「限定」とだけ書くのも意外と効果的です。

ディスプレイネットワークの広告枠を設置しているホームページを見るとわかりますが、広告枠は1つというわけではありません。パソコンの一画面に6~8個もの広告が出ているなんて光景も珍しくないのです。

ユーザーの目に止まるアイキャッチの有無でクリック率はもちろん、費用対効果も大きく変わります。

「ぐるなび」のような飲食店の検索サイトには、当たり前のように期間限定のクーポン券があります。これは、店舗独自のホームページにも、取り入れたいアイテムですが、限定の仕方には注意が必要です。

見込み客の中には、クーポン券の内容を比較して店を決める人もいます。クーポンが使える曜日や時間を限定してしまうと、自分が予約したい曜日にクーポン券が使えない場合、それだけで選択肢から外れてしまうこともあります。

クーポン使用の限定外の曜日、時間はほおっておいても予約が殺到するような状態であれば問題はありませんが、クーポン券や検索サイトへの登録がなかなか売上に反映しないようであれば、そのような限定を外してみるのもひとつの手です。

限定というキーワードは人を惹きつけます。とくに、限定戦術が浸透していない業界であるほど、クーポン券を発行しているという事実が強烈な限定となるのです。

NO. 32 サブリミナル効果

アメリカの映画館で実際にあった有名な話です。

その映画館の管理人は、映画を上映する際、コマとコマの間に「コーラを飲め」、「ポップコーンを食べろ」というメッセージを入れたそうです。メッセージと言っても、ほんのひとコマなので、誰もそのメッセージを認識することはできません。

しかし、メッセージ入り映画の上映後は、お客さんがコーラやポップコーンを買う率が平均よりも高くなったそうです。お客さんにしてみれば、意識しないうちにコーラやポップコーンの宣伝を見せられていたということですから、ちょっと怖い話です。

このように、潜在意識に刺激を与えることで表われる効果を「サブリミナル効果」と言います。

日本では、アニメ番組やバラエティー番組でこの効果を利用したコマが挿入されたことで問題となり、規制が厳しくなったことがあります。サブリミナル効果は科学的に証明されているわけではありませんが、その効果は広く認められています。

落語に、登場人物がお酒を飲み干すシーンが頻繁にあります。演目「一人酒盛」等で、名人と呼ばれる大御所がそのシーンを演じると、寄席近くの居酒屋の売上が上がるそうです。落語ですから、実際に壇上でお酒を飲むわけでも、お猪口を持っているわけでもないのですが、あまりにもおいしそうに演じるため、観客の足が居酒屋へ向かったというわけです。厳密には違いますが、落語界のサブリミナル効果と呼べるのではないでしょうか。

新聞広告でよく見かける、聞くだけで発音がよくなる英会話のCDや小食になってダイエットできるCD、ヒーリング効果のある癒し系CDといった商品も、潜在意識への働きかけという意味ではサブリミナル的な商品と言えます。

先ほども書きましたが、サブリミナル効果はある意味とても怖い効果です。テレビやラジオのようなマスメディアが規制の網をかいくぐって悪用をはじめたらと思うとゾッとします。

「コーラを飲め」くらいならまだしも、「Aを誘拐しろ」とか「Aに清き一票を入れろ」となったら、洒落ではすみません。規制のない国はまだまだたくさんあるので、海外にお出かけの際にはご注意ください。

ウェブへの落とし込みは健全にいきましょう。

サブリミナル効果は広く知られていることを逆手にとって、あえてそれを演出に使ってみるのです。

例えば、スマホで撮影した動画をＹｏｕＴｕｂｅにアップする際、編集ソフトで少しだけサブリミナル効果を仕掛けてみてはいかがでしょうか？　セミナーの告知動画であれば、「セミナーに来てね！」と直球ストレートのメッセージがお勧めです。本当に一瞬だけではわかりづらいので、０．５秒くらいがいい塩梅だと思います。

また、意外にＴｗｉｔｔｅｒで話題になるのが隠しコメントです。ホームページのソースコードの中に、表には見えないコメント、メッセージを書いておくのです。「お願い…動いてくれ」というプログラマーの切実な願いや、「もっといい仕事見つけよっと」のような笑えないものまで見つかることがあります。これはちょっと微妙ですね。

ただ、実はコカ・コーラのコーポレートサイトには、誰もが知っているあのロゴマークが仕込んであります。ソースコードを見る人はあまりいませんが、極少数のために仕組んでおくという計らい、なかなか心憎いと思いませんか？

やり方はいたって簡単。ソースコード内で〈!-と-〉の間にコメントを書くだけ。コカ・コーラのように凝ったアスキーアートを入れることもできます。

ちなみに、ホームページのソースコードはメニュー「表示」の「ソースの表示」やマウスの右クリックから「ソースの表示」等で確認できます。

ちょっと潜在意識とは離れてしまいましたが、サブリミナル効果を意識、応用した演出を仕掛けることで、ホームページにユーモアを加えてみてください。

思いもよらない仕掛けに気づいたとき、訪問者はあなたのホームページや会社のファンになってくれるはずです。

NO. 33 カリギュラ効果

週刊誌につきものなのが、袋とじ企画。「禁断の○○」、「秘密の○○レポート」のように怪しいものから、いたって真面目なものまで、大げさかもしれませんがひとつの文化を築いています。

コンビニの雑誌コーナーで、指を突っ込んで覗き見ようとしている光景をよく見かけますが、袋とじにはそれだけの魅力があります。

では、その魅力の正体とは何でしょうか？

そそるコピー？　禁断の内容？　もちろんそれもありますが、一番の魅力は「開けちゃ駄目ですよ」という無言のプレッシャー。

禁止されるほどやってみたくなる心理現象を「カリギュラ効果」と言いますが、これこそ袋とじの最大の魅力なのです。仮に、同じ内容であっても、綴じられていなければ魅力は半減。売上にも少なからず影響してくるでしょう。

禁止されているといえば、成人式のバカ騒ぎも同じです。わざわざ成人式の会場で爆竹を

鳴らしたりお酒を飲んだりするのも、禁止されているからこその行為です。単純に目立ちたいという気持ちもあると思いますが、成人式会場で主催者が爆竹を配ったり、「飲み放題！今なら暴れ放題つき」という垂れ幕が下がっていれば、彼らのやる気も半減するはずです。

カリギュラ効果をうまく利用しているのが風俗業界です。ブームは去りましたが、イメクラ（イメージクラブ）などはその代表例でしょう。

なかでも、電車痴漢プレイのような日常的なシチュエーションはとくに好まれます。当たり前ですが、現実に車内で痴漢をすれば犯罪です。「それでも僕はやってない」と言ったところで、逮捕は免れません。それだけに、絶対に禁止されている行為に人は惹きつけられるというわけです。

デリヘル（デリバリーヘルス）にしても、家やホテル（ホテトル）に呼べるという点が評価されているのです。とくに、恋人や奥さんがいる人にとってみれば、仮想不倫が叶うわけですから、カリギュラ効果で興奮倍増というわけです。

それでは、カリギュラ効果をウェブに落とし込んでみましょう。

まずは、ウェブ上での袋とじ的な存在、「会員専用ページ」はいかがでしょうか。つまり、会員登録をし、ユーザー名とパスワードを入力しないと見られないページを作るのです。

この仕組みは、ハウスリストを集めたい場合にもとても有効です。会員制ページのように、ページごとすべて隠してしまうのもいいのですが、部分的に隠すのです。たとえば、コラムや記事の冒頭部分だけを見せておいて、これ以上読みたい人はユーザー登録してください、というやり方です。

クリエイターと読者をつなぐサイト「ｃａｋｅｓ」はエッセイやコラム、マンガ等を楽しむことができます。無料で読める記事も多いのですが、読み進めていくと「この続きは有料会員登録すると読むことができます」という表記と「1週間無料のお試し購読する」というボタンが出てくる投稿があります。ポイントは途中まで読ませておくということ。さすがにタイトルだけでは訴求力は弱いため、チラ見せはするわけです。

ストレートにカリギュラ効果を発揮できるのはキャッチコピーです。

「当社の考えに賛同いただけない方は、絶対に広告制作の依頼をしないでください」

これは、反応を上げることにとことんこだわったチラシしか作らないという考えをアピールするという理由もありますが、依頼を断る表現をすることでカリギュラ効果を狙っているのです。

「絶対に〇〇しないでください」、「決して〇〇しないでください」……この一文が、見込み客の心をくすぐるのです。

人材派遣会社のホームページには、ぜひ会員制のシステムを導入してみてください。仕事情報を一部公開し、すべて見たい方には会員登録してもらうのです。そして、会員には最新の仕事情報をメールで配信します。ユーザー数が増えれば、そのメール自体が広告収入を得られる立派なメディアに成長するのです。

大手派遣会社はすべて会員制を導入していますが、職業を絞った派遣会社や地域密着の派遣会社であっても、やる価値は大いにあります。〝会員登録者＝見込み客キープ〟のメリットは説明しなくてもおわかりいただけるはずです。

派遣会社は、派遣社員が長続きしなかったり、突然辞めてしまうというトラブルの心配を常に抱えています。

そこで、会員登録のページに「滋賀県で本気で仕事を探したい方しか登録しないでください」と書くのです。会社の理念をアピールできるし、カリギュラ効果による反応率アップも見込めます。

会員向けのメールにも、お仕事情報だけでなく、実際にあったトラブルを載せ、「このような方はお断りします」と注意を促します。おいしい部分だけ見せて敷居を低くすることも大切かもしれませんが、あえて敷居を高く見せるという姿勢が、派遣登録者、派遣先企業の信頼獲得へとつながるのです。

NO. 34 成果の評価基準

ドラッグストアにつきものなのがポイントカード。一定額購入するごとにポイントが溜まるものや、購入額の何%かがポイントとして溜まるものなど、大きく2種類ありますが、とくに女性に好まれるアイテムです。毎週水曜日はポイントが倍になる、週末は20%のポイントがつくといった情報も、女性のほうが圧倒的にくわしいものです。

では、なぜ女性のほうがポイントカードが好きなのかごぞんじでしょうか？　それは、「成果の評価基準」が男女で異なるからです。

一般的に、男性は一度に大きな評価を受けるほうがうれしく感じ、女性は回数を分けて評価を受けるほうがうれしく感じると言われています。言い換えると、男性は大きな一発勝負が好きで、女性はコツコツ積み上げるほうが好き、ということになります。

ポイントカードはまさにコツコツタイプです。はじめて入った店で、ポイントがたった数円にしかならないときでも女性はポイントカードを作るし、小まめにポイントをチェックします。

基本がわかれば、店側のポイントカードの作り方も変わってくるはずです。

女性をメインターゲットにしている店であれば、5，000円ごとに小さなプレゼントをあげたほうが満足度は高く、男性をターゲットにしている店であれば、50，000円分ポイントが溜まった時点で、大きなプレゼントをあげたほうがいいというわけです。

購入額の数%をポイントにするタイプのカードの使い方も、男性はいっぱい溜めてドカンと使い、女性は小さな買い物をする。そんな予測が成り立ちます。

成果の評価基準がわかれば、モテる男、モテない男の違いも自然に見えてきます。つまり、モテる男はマメということです。モテる男は、コツコツとポイントを貯めるように、デートのたびにちょっとしたプレゼントを渡し、小まめにLINEをします。一方、女性であれば、誕生日やクリスマスのプレゼントに全力投球してみてください。きっと喜ばれるはずです。

それでは、「成果の評価基準」をウェブに落とし込んでみましょう。

レストランや小売店、エステサロン等の店舗型ビジネスで広まっているサービスにLINE@（ラインアット）があります。ひと言でいうと「ビジネス向けLINE」。LINEは基本的に個人利用のメッセンジャーアプリですが、それのビジネス・店舗版とご理解ください。

1つのLINE@アカウントに複数の個人アカウントを管理者登録できるのが便利。例えば、リフォーム会社の場合、現場の人間に個人のLINEアカウントで直接お客様とやり取りさせていると、どんなやり取りをしているか把握できませんし、退職してしまった場合、担当のお客様と接点がなくなってしまうかもしれません。最悪の場合、競合に転職後、お客様を取られてしまうことも考えられます。

LINE@は友だち全員に一斉メッセージを送信できるイメージが強いのですが、「1：1トーク」をONにすれば、友だちと直接やり取りできます。

リフォーム会社であれば、外壁等の気になる箇所を写真で送ってもらえば、すぐに見積もりを出すことができます。板金屋の場合は、傷つけてしまった車体の写真を送ってもらってもいいでしょう。

白金高輪の「オーラルビューティークリニック白金」は全国でも珍しいガミースマイル（笑うと歯茎が見える）の治療を行なう歯科です。美容整形外科ではなく、歯科でガミースマイルが治療できるということを聞きつけ、日本各地から悩みを抱えた患者が訪れていますが、LINE@による無料相談がとりわけ好調。口元を自撮りして、LINEで送るだけでプロのアドバイスが受けられる手軽さが受けているそうです。

また、LINE@にはクーポン機能があります。大きく分けると、全員配布のクーポンと抽選クーポンの2種類あります。これに成果の評価基準を活かしてみてはいかがでしょう

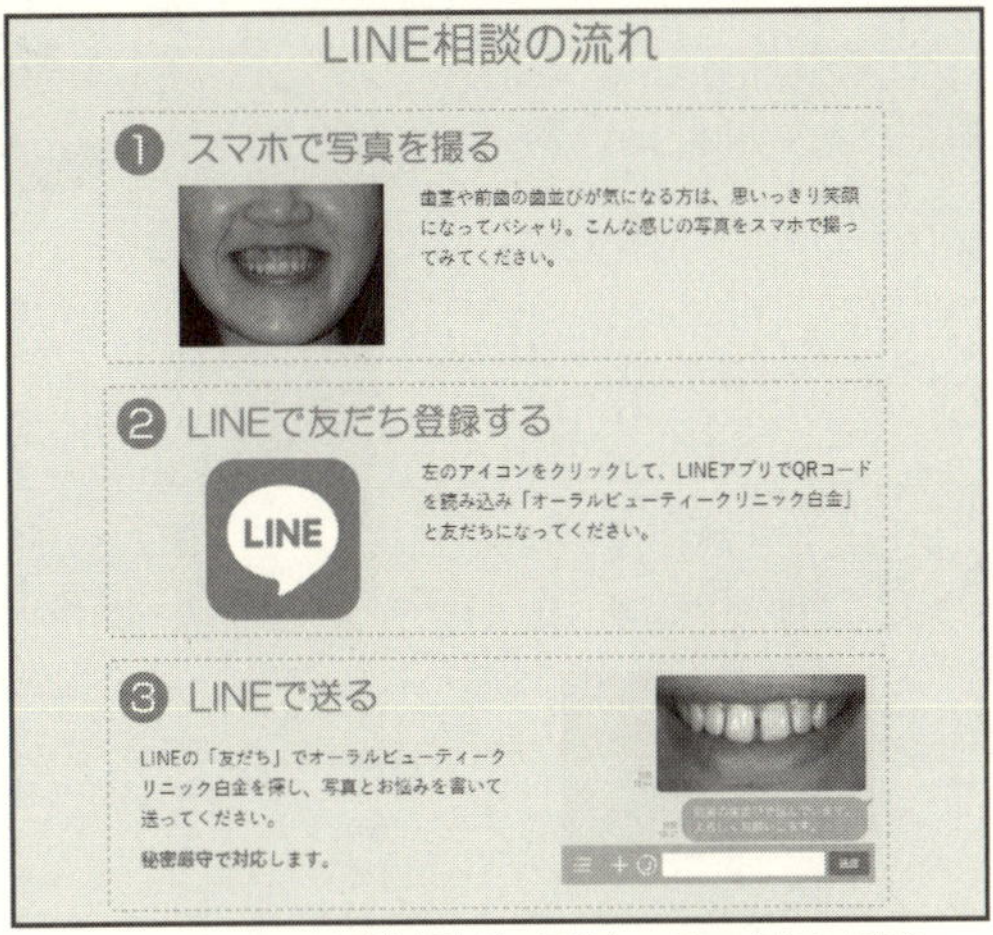

パーフェクト・スマイル 審美歯科／オーラルビューティークリニック白金
http://platinum-dental.jp/publication/

か？

商売のコアターゲットが女性の場合は全員配布を選択。ちょっとした割引やプレゼントを用意しましょう。

コアターゲットが男性、もしくは男性に受けそうなクーポンを配布する場合は、高い割引率や豪華プレゼントの抽選クーポンを配布すると反応が変わるはずです。

成果の評価基準を理解することで、マーケティング戦略はもちろん、日常生活においても役立つことでしょう。

NO.35 プライミング効果

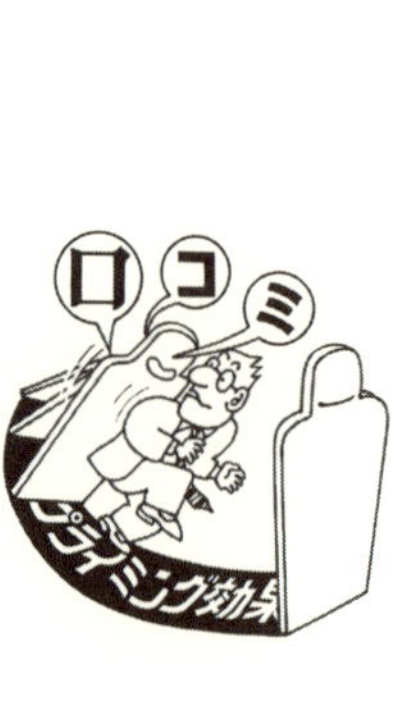

価格.com（株式会社カカクコム）は最もメジャーなクチコミサイトですが、今ではホテルや飲食店、美容院にエステサロン等、あらゆる業種に専門のクチコミサイトがあります。なかには、あまり流行っていない閑散としたサイトもありますが、各業種のNo・1サイトはかなりの人気です。広告収入をベースに売上も好調のようです。

一般的に、クチコミによる評判は信憑性が高いと思われているため、噂が広まりはじめると、かなりの影響力を発揮しますが、クチコミにはもうひとつ大きなメリットがあります。

それは、〝クチコミで評判＝いい商品、サービス〟という錯覚です。飲食店の場合、この店はおいしいという先入観があるため、仮に標準レベルの味だったとしても満足度は自然と高くなるのです。「お、おいしい……気がする」という経験、身に覚えがありませんか？

心理学に「プライミング効果」という用語があります。これは、先に与えられた情報が、後の情報に影響を及ぼす心理現象のことです。

クチコミという先行情報が、後の情報である味に影響を及ぼすのは、こんな心理的メカニズムが働いているからなのです。

クチコミをマーケティングに取り入れる手法を、バズマーケティングやバイラルマーケティングと言います。バズとは蚊のことで、クチコミによって人々がザワザワしている状態を意味し、バイラルとはウイルスを意味します。ウイルスのように、人から人へ感染していくというイメージでしょうか。いずれにしても、クチコミを積極的に利用したマーケティング手法であることに違いはありません。

ブログやメルマガ、SNSといったネットメディアで、キーマンとなる人（インフルエンサー、アルファブロガー）に情報を提供したり、商品そのものを送って、そこで取り上げてもらうという手法が一般的です。キーマンに多額の報酬が支払われることも珍しくはありません。

クチコミはプライミング効果で言う先行情報に当たるため、後の情報である商品やサービスの評価も高まり、それがまた二次的なクチコミへと広がっていくのです。

一方、悪いクチコミが広がると、掲示板やブログに多数のマイナスイメージとなるコメントが殺到するという怖さもあります。有名人のブログが「炎上」するのも、この時代ならではの現象です。

それでは、プライミング効果をウェブに落とし込んでみましょう。

ポイントはやはりSNSの活用です。Twitterのリツイートや Facebookのシェアは、まさに今どきの口コミそのもの。理想は投稿が自然発生的に拡散されることですが、数千、数万というエンゲージメント（いいね！やリツート等のアクション）はなかなか取れないもの。

であれば、意図的に拡散を狙うのが良さそうだし、それがマーケティングというものです。FacebookやTwitterやInstagramのハッシュタグを使ったキャンペーンがお勧めです。

一般的には、指定されたハッシュタグを付けてツイートすることがキャンペーンの参加条件になります。「#究極のペペロンチーノを食べたい」のように他とかぶりにくいハッシュタグを指定しましょう。

参加条件をあえて上げてみるのも手です。ハッシュタグに加えて、商品の感想や写真を一緒に投稿してもらうのです。特に、写真は各参加者のフォロワーに視覚でアピールできるのでお勧めです。また、公式アカウントのフォローも参加条件に加えておくと、フォロワーも獲得できて一石二鳥です。

ハッシュタグを利用したキャンペーンはユーザーも参加しやすいし、企業側も参加者（当選者）へリーチしやすいというメリットもあります。無料でチャレンジできるので、やらない手はありませんよね。

自然発生的なクチコミとは異なりますが、紹介制の導入は販売促進にかなり有効です。「類は友を呼ぶ」と言われるように、あるお客様のまわりには同じ肩書き、職業、環境の人が集まってきます。社長の友だちは社長、サラリーマンの友だちはサラリーマン、専業主婦の友だちは専業主婦が圧倒的に多いものです。つまり、あるお客様に友人や知人への紹介を促すことで、同じ属性の方々に間接的にアプローチできるというわけです。

ここで重要なのは、紹介制度はあくまでも既存客向けであるということです。アフィリエイトのような代理販売とは異なり、すでにあなたの商品やサービスの利用者であるということです。既存客の声は、リアルな「お客様の声」という先行情報で、新たなお客様を集めてくれることでしょう。

NO. 36 コンコルド効果

コンコルドという旅客機をごぞんじでしょうか？　コンコルドは、イギリスとフランスが共同開発した世界最速の音速旅客機で、マッハ２・０というスピードと独特の形状により、未来の旅客機として注目を集めました。

残念ながら、コンコルドは１９７６年に製造中止となり、２００３年には姿を消してしまったのですが、コンコルドの開発が商業的に破綻することは、製作段階ですでに把握できていたそうです。

しかし、イギリスとフランスはすでに多額の投資をしていたことから、開発をストップすることはできませんでした。もちろん、結果は大赤字です。

このように、損失につながることがわかっていても、それまでの投資を惜しみ、止められなくなる心理を、この旅客機の名前から「コンコルド効果」と言います。なお、投資には金銭的なものだけではなく、精神的な投資、時間的な投資という面もあります。

マーケティングの視点からコンコルド効果を考えた場合、いかにリピーターを獲得するかという戦略が思いつきます。

豪華なおまけがついた本。むしろ、おまけがメインのシリーズものの本があります。毎号ついてくるおまけでヨーロピアン調の家や豪華な帆船を組み立てたり、車や飛行機のコレクションができるものなどです。

もちろん品質はすばらしく、マニアも満足できる内容なのですが、非常にうまいマーケティング戦略を取り入れています。

まずは販売方法。帆船の模型なんて、模型店に行けば誰にでも買えるのですが、ちょっと興味があるくらいではなかなか足を運ばないものです。それを、書店で気軽に買えるようにしたのがポイントです。

第二のポイントは価格設定。創刊号だけは通常価格の3分の1程度と、非常に安い設定になっているのです。

創刊号発売時は、テレビCMを含めて大々的に広告を打ち、まずは1冊買ってもらうことに力を入れます。帆船の骨組みの一部を手に入れただけでは意味がありませんから、第2号以降は料金が上がったとしても、かなりの率で買い続けてもらえるというわけです。

それでは、コンコルド効果をウェブに落とし込んでみましょう。

弊社サービス「すごいネット集客」を検討中の方には、まず「お試し相談」を受けていただくようにしています。たっぷり2時間、こちらが用意した資料を元にネット集客の未来図を描きます。会社の雰囲気や立地等、現場を見ないとわからないこと、商品を見て触れて初めてわかることも多いため、全国各地へ足を運びます。

業界的には「無料相談」や「無料診断」により、対面で会う回数を増やすのが一般的ですが、弊社はあえて10万円（交通費込み）をいただくようにしています。2時間で10万円は高いと思われるかもしれませんが、単なる相談ではなく諸々リサーチして資料も用意しますし、遠方の場合は丸1日使いますから、本音ではもっといただきたいくらいです。これから、はじめての通販に取り組むといった相談の場合は、ブランディング講座を始めてしまうこともあります。

ただし、「お試し相談の料金は契約後のサービス料金から相殺しますので実質0円です」とホームページに明記しています。安く感じてもらうという理由もありますが、本当の狙いはコンコルド効果。先に支払った10万円が投資というわけです。

そのため、ほぼ100%がお試し相談だけで終わらず、本契約を結んでいただいています。また、10万円というハードルを超えてお問い合わせいただく方ですから、必然的に受注率が上がるという目算もあります。

ちょっといやらしい書き方になってしまいましたので、お試し相談自体の質が一番大事ということは付け加えておきます。

また、景品表示法に抵触するということで一時期問題となった「ガチャ」こそ、コンコルド効果の典型といえます。

ガチャとはアイテム課金の仕組みの1つ。スマホゲームでキャラクターをすべて揃えたり(コンプリートガチャ)、レアなアイテムを獲得するために何十万円、何百万円とお金をつぎ込む未成年者が続出しました。

「あと1種類で全キャラ揃うのに!」、「あ〜、またこのアイテムかよ」と、今まで注ぎ込んだ投資を惜しむ気持ちに漬け込んだ狡猾なビジネスモデル。今では規制がかなり厳しくなりましたが、一時は誰もが知る大手IT企業の収益源としてもてはやされた時期もありました。

NO. 37 ピグマリオン効果

1960年代、ロバート・ローゼンタールという教育心理学者が、こんな実験を行ないました。ある小学校で知能テストを実施した後、「実はこの知能テストは、今後成績が伸びる生徒を予測できるテストなのです。そして成績が伸びる子は、この子たちです」と担任に伝えました。

数ヶ月後、再び知能テストをしたところ、成績が伸びると伝えられた子は、そうでない子より明らかに成績が伸びていました。担任が「この子は伸びる」と期待していた子は、その期待を感じて熱心に勉強したというわけです。

このように、期待が相手に伝わり、その通りになることを「ピグマリオン効果」と言います。ローゼンタールの実験については内容に不備があったとされていますが、一抹の真実を物語っているのではないでしょうか。

「思考は現実化する」、「潜在意識が今の自分を作り上げている」

自己啓発系の書籍やセミナーでよく耳にするフレーズも、自分が自分を期待するという形のピグマリオン効果と言えるでしょう。

ピグマリオン効果は、部下のモチベーションアップ術にも活用できます。日頃から、「私はいつも君を見ているよ」と、部下それぞれに目をかけてあげるのはもちろん、会議や飲み会、ちょっとした会話の中で、自分の部下を褒めてあげるのです。

「○○は優秀だ」、「○○には期待している」と。

日頃そう思っていても、口に出さなければ相手には伝わりません。そのひと言が大切なのです。

また、そのひと言は本人だけでなく、他部署や他の会社の方にも伝えるべきです。それが、回りまわって本人の耳に入ることもあるし、部下へのつまらない愚痴や不平不満を言うだけでは、あなた自身がつまならい人間と評価されてしまいます。

お子様がいる方は、ピグマリオン効果を教育に役立ててください。「末は博士か大臣か」では期待が大きすぎるかもしれませんが、期待を感じる能力は子供のほうが優れているはずです。

それでは、ピグマリオン効果をウェブに落とし込んでみましょう。

パートナー企業やクライアントをＳＮＳやオウンドメディア、メルマガといった自社メディアで紹介するのがウェブにおけるピグマリオン効果です。

弊社の場合、業種柄クライアントとはNDA（秘密保持契約）を結ぶため、ほとんど表に出さないのですが、稀にクライアントから紹介を依頼されることがあります。

例えば、「自社の採用情報をFacebookで紹介してほしい」という具合です。この時はビジネスSNS「Wantedly（ウォンテッドリー）」を利用していたため、Facebookで数多くシェアされると求人情報が目立つ位置に掲載されるというメリットも先方にはありました。

ただし、ポイントは単にシェアするだけではNGということです。Facebook利用者なら経験があると思いますが、何もコメントを書かずにシェアする場合ときちんと自分の言葉でコメントしてシェアした場合では、友だちの反応がまったく変わります。また、依頼者の心象も大きく変わるでしょう。

また、FacebookやTwitterで人気のある方には大きく2つのタイプがあります。1つは個性的なキャラ設定でエッジの効いた投稿を連投し、拡散を繰り返してファンが増えていくタイプ。もう1つは、小まめにフォローやフォロー返しをしつつ、フォロー相手の投稿にコメントを入れていくタイプ。時にはサプライズで自分の投稿内でフォロワーを紹介するなんてこともあります。爆発力という意味では前者ですが、より深いファンという意味では後者に分があると思っています。

出版社のホームページであれば、書籍とともに著者のビジネスやホームページを紹介するのも、著者にとっては非常にうれしいことです。まずは、書籍を紹介するブログを立ち上げるところからはじめてみてください。それが、出版社と著者の関係を良好にするなら、決して手間ではないはずです。

とはいえ、紹介される側にしてみれば、メディアが強力であるほどうれしいのが本音です。ブログの運営やメルマガの発行にはさまざまなメリットがありますが、ある程度の規模に成長させることで、メリットにもレバレッジ（てこの原理）が効いてきます。そのひとつが、「より喜ばれる」という点です。

時間やお金をかけてメディアを成長させる意味が見出せないのであれば、この点を目的にしてみてはいかがでしょうか。

このようにピグマリオン効果は、人間関係やビジネスシーンにおいて大切なことに気づかせてくれます。

Lesson 4

お客をつかむウェブ思考論

No.38 アフォーダンス理論

今は懐かしい、ドリフターズのコントにこんなネタがあります。

体全体を使って一所懸命ドアを開けようとしている男性。両足を踏ん張ってドアを押しても全体重を載せてドアノブを引いても、ドアは開きません。息切れしながらドアの前で呆然としていると、後から歩いて来た人がドアをスライドさせて入っていくというオチです。

このコントのポイントは、ドアノブがついているため、誰もが「このドアは押し戸か引き戸だ」と認識する点です。

このドアが、どう見てもスライドタイプのドアだった場合、押したり引いたりする男はただのおかしな人になってしまい、笑いを取ることはできません。〝ドアノブ＝押し戸か引き戸〟という固定概念があるからこその笑いなのです。

この項で紹介するのは「アフォーダンス理論」です。アフォーダンスとは、価値づけられた情報を指し、その情報によって人間の行動が結びつけられる現象のことです。

駐車場に車庫入れするとき、そこに2本の白線があれば、普通はその間に車を停めようとするはずです。あまり運転がうまくない方は何度もハンドルを切り直して、その中央に来るように調整することでしょう。

しかし、車を見たことがない国の人は、白線は車の中央にくるものだと思うかもしれません。駐車場に、「2本の白線の間に車を停めてください」という注意書きがないのは、それがアフォーダンスとして私たちの意識に価値づけられているからなのです。

電車の吊り革広告で、検索「おいしい水」といった表記をよく見かけます。ごぞんじの通り、これはYahoo!やGoogleのような検索サイトで「おいしい水」というキーワードで検索してください、というメッセージです。

インターネットに縁のない人だったら、辞書や百科事典で「おいしい水」と引いてしまうかもしれませんが、検索「○○」という広告が浸透し、アフォーダンスとして広く認知されたからこその広告手法なのです。

余談ですが、マスメディアのこのような広告に便乗してアクセスを稼ぐことは比較的簡単なので、同業種の広告には常に目を光らせていてください。

それでは、「アフォーダンス理論」をウェブに落とし込んでみましょう。

ホームページのデザインは洋服やヘアスタイルと同様、流行りがあります。ウェブ業界の人でなくても、あるホームページを見て、「ここは何年もリニューアルしていないんだな」

と感じることは少なくないはずです。

特に、スマホサイトのデザインやUI（ユーザーインターフェース）はスマホの大画面化も手伝って、短いスパンで「オーソドックス」が変わっています。スマホアプリの便利なUIをスマホサイトに取り入れるなんてことも珍しくありません。

ただし、ウェブ業界のオーソドックス＝一般人のオーソドックスというわけではないということを忘れてはいけません。

例えば、スマホサイト上部のバーガーメニュー。業界外の人は「バーガーメニュー？ファストフードのメニュー？」と思ったかもしれませんが、三本線をクリックすると各コンテンツへの導線となるメニューや電話発信ボタン等が表示される仕組みです。Appleは二本線を採用しているので、ひょっとしたらこちらがトレンドになるかもしれませんが、タップで開くメニューということに変わりはありません。

それまで、スマホサイトのメニューの定番といえばスクロール最下部に並べるのが一般的でしたが、バーガーメニューに出会う率がかなり増えてきました。バーガーメニューと最下部のメニューを共存させるホームページも多いようです。

一方、TwitterやFacebook等のSNSで多いのは画面下部を固定させて、そこにアイコンを5つ並べるというもの。Twitterの場合は「ホーム」、「検索」、「通知」、「メッセージ」、「プロフィール」が並んでおり、Ｆａｃｅｂｏｏｋはこの中にバーガーメニューを設置しています。

実は、このバーガーメニューも２０１４年頃は「クリック率が低く、ホームページの滞在時間や平均ページビューが下がる」ということで賛否両論ありましたが、今となっては知名度の高いホームページや定番アプリで広く目にするようになったという経緯があります。先端のデザインやＵＩを知ることは大事ですが、「いつ採用するか」というタイミングが重要だということですね。

そして、もっと大事なことは、「このホームページに採用すべきか？」という視点です。そのホームページの業種やホームページの種類（コーポレートサイトなのかメディアなのか等）、そして訪問者の反応を考慮する必要があります。

世間一般のアフォーダンスからズレてもＮＧ、先取りしすぎてもＮＧ。これを忘れないでください。

39 NO. 自己正当化

なぜ、ブランド品は売れるのか？

こう聞かれたら、あなたは何と答えるでしょうか？　ブランド品はデザインが優れていて、品質がよい。毎年新しいモデルが出る。また、みんなが持っている、芸能人が持っている、流行っている、自慢できる、といった答えが多いと思います。恐らくすべて正解です。

では、あなたが大根を買うとき、新鮮、安い以外にいくつ理由を考えるでしょうか。

つまり、ブランドがブランドたる所以は、購入させる理由をたくさん持っているという点であり、それこそがブランディング戦略の成果なのです。

お客様は、それが高価であればあるほど、購入する理由を探すものです。これだけの理由があるのだから、これだけのお金を出してもいいと、自分自身を納得させるのです。

そのような心理を「自己正当化」と言います。

読んで字のごとくですが、人はみんな、自分の行為を正しいものだと思いたいのです。

おかしなもので、高価なものほど人はその商品を優れたものだと思い込みます。そのため、

ブランド品は得てして顧客満足度が高く、クチコミへとつながりやすいのです。

詰まるところ、原価数千円のバッグが数十万円のバッグに変身するブランドというものは、ブランディング戦略で費やした広告費、豪華な店舗を売っているから、と言っても過言ではありません。

もちろん、一流ブランドの中には、文化と言えるほどの歴史があり、本当の意味でブランド品を楽しむ人は、そういった文化的背景も含めてお金を出しています。

しかし、ポッと出て、一流ブランドと肩を並べて出店している企業は、かなり戦略的にブランドを作り上げています。

芸能人に商品を使ってもらい、メディアに露出するといった手法を含めてメディアをうまく活用し、社長自らがメディアに積極的に露出することも珍しいことではありません。

こう書くと、ブランディング戦略を否定しているように聞こえるかもしれませんが、そうではありません。マネできる部分は積極的に取り入れています。それは、自己正当化は誰の心にも生じることだと知っているからです。

それでは、「自己正当化」をウェブに落とし込んでみましょう。

ここ数年で、「WEBブランディング」という言葉が浸透しましたが、そもそもWEBブランディングとは何でしょう？　実態がつかみにくいので、「WEB」と「ブランディング」

という二つのキーワードに分割して、その本質を考えてみましょう。

まず、ブランディングを考えるうえで、知っておきたいWEBの本質があります。

それは、「人は、何のためにホームページを見るのか?」ということです。情報収集という答えが返ってきそうですが、詰まるところ、情報収集も「問題解決」のためにあります。訪問者は、何らかの悩みや疑問を解決するためにホームページを見ているのです。

あなたのホームページには、訪問者の問題を解決するコンテンツはありますか? あなたのホームページに「何のため」に訪問者が来るのか、よく考えてみてください。

また、「ホームページを作る＝売上アップ」と思っている人もいると思いますが、それは安易な考え方です。

あくまでも、売上アップのためにホームページを活用するのです。ホームページを作って置いておくだけでは、絶対に売上アップはありません。

この2点をしっかりと頭に置いていただき、次は「ブランド」の本質を考えてみましょう。

ブランドには、コーポレートブランド、商品ブランド、サービスブランドという三つがあります。

士業の先生の場合、コーポレートブランドは事務所のブランド、商品ブランドは自分自身のブランド、サービスブランドは業務自体のブランドとなりますが、それらのブランド価値を戦略的に作り上げていくのがブランディングというわけです。

つまり、WEBブランディングとは数多くのホームページの中で、他よりも信頼や評価を獲得するための戦略なのです。

よほどの大企業を除いて、インターネット上で信頼や評価を獲得する戦いは、実はフラットな状態なのです。そこから抜け出していかない限り、嫌でも価格競争に巻き込まれてしまいます。

そのため、賢明な会社は1歩でも2歩でも抜け出すためにアクセス数を稼ぎ、検索の上位表示をめざして、お客様に選んでいただけるホームページを作ることに躍起になっているのです。

ここまで理解できれば問題ありません。

「ハロー効果」や「バンドワゴン効果」、「吊橋効果」等で紹介したブランディング戦術を用いて、信頼されるホームページを作り上げてください。

ただし信頼とは、他人の評価だということだけは忘れないでください。自分の手抜きまですべて自己正当化するような考えでは、絶対に成功はあり得ないのです。

NO.40 想起集合

ドラッグストアは薬以外の商品も扱っていますが、医薬品に分類されるかどうか、ひと目でわからない商品も少なくありません。たとえばのど飴。

ドラッグストアに行くと、医薬品ののど飴と、そうでないのど飴とに分けられているケースが多いようですが、一見して医薬品ののど飴だとわからない商品名、パッケージデザインだったらどうでしょう。医薬品ではなく、お菓子コーナーに陳列されるかもしれません。

心理学用語に、「想起集合」という言葉があります。

これは、消費者があるジャンルで思い出す商品のことを指します。のど飴ならはちみつ金柑のど飴。ボトルコーヒーなら、ブレンディにネスカフェ。カップラーメンなら、カップヌードルにチキンラーメンといった具合です。

広告の効果により、店先で商品名を思い浮かべてもらっても、のど飴のコーナーになければ、他の商品を手に取ってしまいます。せっかく広告に力を入れ、想起集合に入るくらい知名度が上がっても、これではまったく意味がありません。

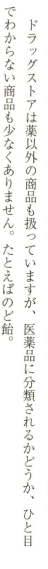

逆に、想起集合に入らない商品は、大量の商品が並ぶデパートやスーパーマーケットでは売れにくいものです。しかし、小さな会社には、各ジャンルの想起集合に入るほど広告費はありません。テレビCMは何千万円もかかるし、雑誌広告でも数百万円がザラです。

では、小さな会社はどうすればいいのでしょうか？　ひとつは、小さな棚を作ってもらえるジャンルを確立する方法です。野菜農家であれば、地元のスーパーに「地元で作った無農薬野菜」という棚を作ってもらうのです。そうすれば、キャベツと言えば嬬恋（群馬県）といった想起集合に入らなくても、十分勝負できる土俵ができ上がるのです。

どのジャンルとして売り出すかという戦略も大切です。たとえば、体にいいドリンクを開発したとします。しかし、ドリンクとかサプリメントといった大きなジャンルで勝負するのはむずかしいでしょう。大きな会社には、とうていかなうものではありません。

重要なのは、小さなジャンルを作り上げるという考え方です。マーケティングの世界では、「USP（独自の強み）」や「旗を立てる」と言われることもあります。

ありきたりな健康ドリンクも、メタボリックシンドローム改善ドリンク、真夏日専用スポーツドリンクとして売り出すのです。

それでは、「想起集合」をウェブに落とし込んでみましょう。

まず、あなたも旗を立てることを実践してみてください。あなたの会社は、大きな枠では日本で500番目かもしれませんが、1番になれる小さな枠を作り出すのです。

デザイン会社であれば、これまでの実績の中で一番多く作ってきたものをリストアップします。たとえば、それがエステサロンやネイルサロンのポスターであれば、「エステ専門デザイン会社」と打ち出すのです。

もちろん、そう名乗っているのはあなたの会社だけなのでNO・1であり、オンリー1でもあるのです。そして、社長さんかメインのデザイナーが、「エステトータルデザイナー」という肩書きを名乗れば完成です。

「まだまだ、自分なんて」とお思いの方もいると思いますが、まずは名乗ることが大切です。地位が人を作るという言葉がありますが、肩書きも人を作るのです。

東京都足立区で社会保険労務士をしている工藤剛先生は、自身の実績から、「幼稚園・保育園の人事労務専門」という旗を立てました。これで、日本で唯一の社会保険労務士の誕生です。

そして、ホームページのデザインやコンテンツも完全に園長向けに変えたところ、徐々にアクセスと問い合わせ件数が増えはじめ、半年後には大手業界紙から連載依頼まで来るようになったそうです。

弊社のネット集客サービスも、4つの業種に特化したサービスを提供しています。ター

くどう社会保険労務士事務所　http://www.sr-kudou.com/

ゲットを絞ることで、ターゲット以外の方からの受注は少なくなるかもしれません。しかし、同業のホームページを作り続けることで、その業界にも自然にくわしくなっていき、それを既存のお客様へのアドバイスに活かしたり、新規制作がスムーズになり、多くのお客様に満足していただいています。

あなたはどんな場所に旗を立てますか？

一番先に立てた旗は、強固でなかなか取られることはありません。小さな想起集合のNo・1になる。これが小さな会社の戦い方なのです。

NO.41 ヴェブレン効果

ある日、家電量販店に電気シェーバーを買いに行ったときのこと。売場につくと、とあるブランドのシェーバーが3種類揃っており、いわゆる松竹梅の竹が一番売れていると言われました。

価格戦略通りの展開だなと納得しそうになったのですが、ふと疑問に思って梅と竹の差を聞いてみると、髭を剃る機能やオプションは何も変わらないというのです。では、その差は何なのか聞いてみると、色と充電の見え方が違うという返事でした。

電気シェーバーは自宅でしか使わないので、色は青でも赤でも何でも構いません。充電の見え方は、一番安いグレードは何%充電できているかが3段階で表示され、真ん中以上のグレードはより細かく把握できるらしいのです。正直、まったく必要性を感じない機能だったので、梅を買ったのは言うまでもありません。

ただ、その説明を聞いていなかったら、「さすがの剃り味！　やっぱり高いグレードにしておいてよかった！」と納得していたことでしょう。

そのように、商品の価格が高くなるほど効果・効能も高まると思い込む心理を「ヴェブレン効果」といいます。アメリカの経済学者ヴェブレンが「有閑階級の理論」という論文の中で言及したことに由来します。

ダイソンの掃除機やシャープのヘルシオに代表される高級家電は景気の良し悪しに関わらず人気を博しています。たしかに、機能もデザインも優れているのですが、これが逆に一般の商品よりもうんと安かったらどうでしょう。何で、こんなに高機能なのに安いのだろう? 騙されているんじゃないか? と思われ、販売個数も売上もグンと下がってしまうはず。それが企業努力による値下げだとしても、消費者にとっては不安材料になるのです。

高級家電が高級家電たる所以として、高価格という事実を外してはならないのです。

京セラ（現ＫＤＤＩ）の創業者である稲盛和夫氏の有名な言葉に「値決めは経営」があります。自社製品の価値を正しく把握し、「販売数×利幅」が最大になる一点を見極めることが重要と言っています。

サービス業であっても、単純に人件費や工数だけではなく、技術やノウハウの希少性、コアターゲットを加味しつつ、ヴェブレン効果を意識した値決めを心がけたいものです。

それでは、「ヴェブレン効果」をウェブに落とし込んでみましょう。

まず重要なのは、料金表を明示するという点です。業界によっては、価格や料金を競合に知られたくない、競合より高いので表に出したくないという理由で、ホームページには明示せずに資料請求を促すという会社が少なくありません。特に、ＩＴ・ウェブ業界に多いようですが、資料請求されてしまえばすぐにバレてしまいます。

もちろん、資料請求をフックとしてアポを取って対面でクロージングするというのも１つの方法です。でも、無駄足が多いはずだし、営業マンの人件費もバカにならないはずです。であれば、考え方を変えてみてください。仮に競合より高いのであれば、それをチャンスと捉えてみてはいかがでしょうか。

「安い」ということはものすごい強みになることは間違いないのですが、結局、お金を出すかどうかは、価格以上の価値を感じられるかどうかです。

そして、ヴェブレン効果が働くため、どこでも買える日用品のような商品ではない場合やサービス業の場合、高額ということが販促の武器にすらなりえるのです。

そこでホームページに掲載しておきたいのが、物販であれば商品開発ストーリーや商品へのこだわりをまとめたコンテンツ。サービス業であれば、実績、満足度、リピート率、受賞歴といったコンテンツです。これらをきちんと伝えることで、高いということが武器になります。

自然食品やエコロジー雑貨の大人気通販サイト「びんちょうたんコム」には、社長である

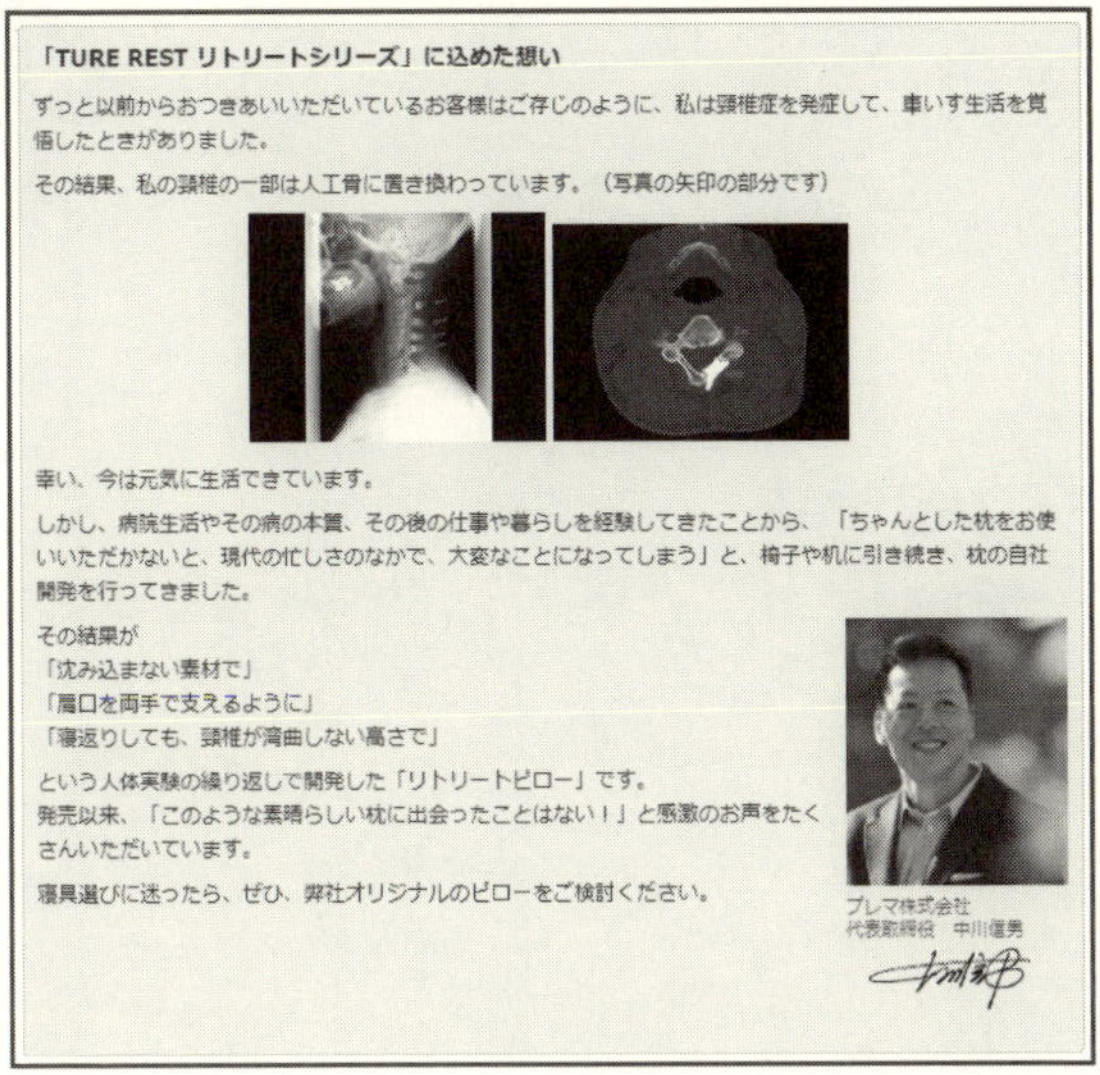

「TURE REST リトリートシリーズ」に込めた想い

ずっと以前からおつきあいいただいているお客様はご存じのように、私は頸椎症を発症して、車いす生活を覚悟したときがありました。

その結果、私の頸椎の一部は人工骨に置き換わっています。（写真の矢印の部分です）

幸い、今は元気に生活できています。

しかし、病院生活やその病の本質、その後の仕事や暮らしを経験してきたことから、「ちゃんとした枕をお使いいただかないと、現代の忙しさのなかで、大変なことになってしまう」と、椅子や机に引き続き、枕の自社開発を行ってきました。

その結果が
「沈み込まない素材で」
「肩口を両手で支えるように」
「寝返りしても、頸椎が湾曲しない高さで」
という人体実験の繰り返しで開発した「リトリートピロー」です。
発売以来、「このような素晴らしい枕に出会ったことはない！」と感激のお声をたくさんいただいています。

寝具選びに迷ったら、ぜひ、弊社オリジナルのピローをご検討ください。

プレマ株式会社
代表取締役　中川信男

リトリートピローエボルブ1／びんちょうたんコム　https://www.binchoutan.com/retreatmat.html

中川信男氏の指示のもと、商品の成分、効果効能、その裏づけとなるデータ等、こだわりにこだわったコンテンツが盛り沢山です。

もし、自社のこだわりをどのように表現すればいいかわからなかったら、このサイトは参考になるし、「うちもがんばろう！」と勇気づけられるはずです。

NO.42 バイスタンダー・効果

シルバーシートという名称が優先席へと変わり、さまざまなメディアでマナー、マナーと叫ばれていますが、優先席の意味を理解していない方はいっこうに減らないようです。

さっきまで普通に雑誌を読んでいた若者が、お年寄りが目の前に立ったとたんに狸寝入り。妊婦が乗り込んできても、化粧品片手に素顔と悪戦苦闘しているＯＬも見かけます。

このように、自分に都合が悪い状況に陥った際、その状況を見て見ぬふりをしてしまう心理を「バイスタンダー・エフェクト」と言います。

平成８年、東京ＪＲ池袋駅のホームで起こった殺人事件は、何十人もの目の前で起こった痛ましい事件です。マスメディアで話題になったので、それだけ大勢の目撃者がいれば、事件はすぐに解決するものと誰もが思ったはずです。

ところが、目撃者としてすぐに手を上げたのはほんの数人だけ。犯人は今も捕まっていません。都会に住む人の無関心さを象徴するような事件ですが、このような、我関せずという心理もバイスタンダー・エフェクトです。

本当は犯人の顔を見ていたけれど、あれだけの人数がいれば、自分が手を上げなくても誰かが言ってくれるだろう。自分は厄介ごとに関わりたくない。そんな心理が働いてしまうのです。

先ほどの例で言えば、電車内の若者やＯＬだけではなく、マナー違反の人にビシッと注意できない心理もそれに当てはまるのです。

漫画「斉藤さん」の主人公は、相手が誰であろうと「駄目なものは駄目！」という信念を貫く性格の持ち主です。この漫画がＴＶドラマ化されるほど人気を博した理由のひとつは、バイスタンダー・エフェクトが働くために、自分は正義の味方にはなれないというストレスを解消してくれたからではないでしょうか。

つまり、視聴者にとって斉藤さんは、「ＮＯ」と言えない自分の代わりになってくれるキャラクターだったのです。

それでは、「バイスタンダー・エフェクト」をウェブに落とし込んでみましょう。

バイスタンダー・エフェクトは、見て見ぬふりをしてしまうという心理現象ですが、ホームページにおいては、いかに見て見ぬふりをさせないか、が肝になります。

言葉で書くのは簡単ですが、訪問者に見て見ぬふりをさせないようにするにはどうすればいいのでしょうか。「派手なデザインにする」では単純すぎます。ここでは、ホームページ訪問者に現実をつきつけ、見て見ぬふりができない工夫をご紹介します。

株式会社エグゼクティブコンシェルジュは企業のストレスチェック義務化対策を同社の取り扱い業務の1つとしています。このサービスのLPはストレスチェック義務化の背景からゆっくり入り、健康経営という新用語の解説、ケーススタディと続いていきます。ケーススタディを読んでいくと、「では、どちらの企業が魅力的でしょうか？」というコピーとともに、突如として比較コンテンツが登場します。

月給20万円で福利厚生のない会社と月給195，000円で福利厚生がしっかりとした会社の比較。どちらが魅力的かを、写真や色味でも表現しています。

自社の福利厚生が世間一般や同業に比べて充実しているかどうかは、経営者であればわかっていること。デザインは爽やかですが、嫌らしいくらいバシッと現実を現実問題として突きつけることで、訪問者の心に響くコンテンツとなっています。

ホームページにたくさんのアクセスを集めても反応が少ないのであれば、このような見て見ぬふりができないコンテンツを検討してみてください。一般的に、男性は女性よりも現実から目を背けることが多いため、男性ターゲットのサービスほど、このようなコンテンツが有効に働きます。

また、訪問者にとって都合の悪い状況を作らない工夫。「買わない理由を潰していく」と

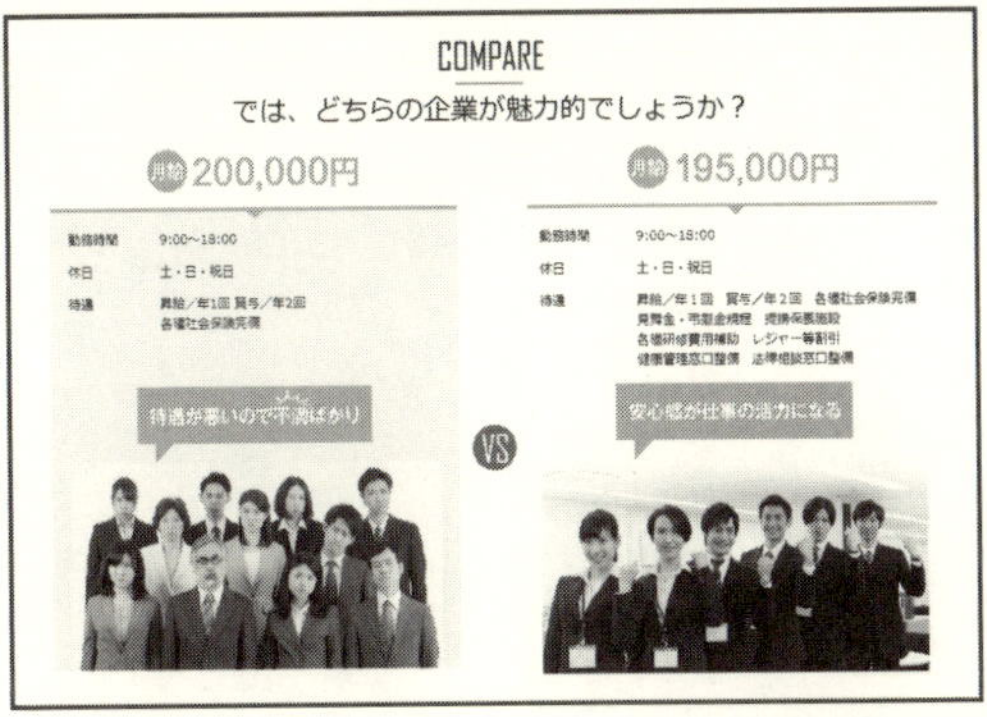

いう視点も反応を上げるには重要です。

通販であれば、クレジットカードを持っていない人のために代引きやコンビニ払いを用意したり、法人向けに請求書払いに対応する。サービス業であれば、先方の支払いサイトに合わせる（面倒ですが）といったことも小さな工夫となります。

たまには第三者視点で自社のホームページやサービスを振り返ってみてはいかがでしょうか？　いつまでも見て見ぬふりをしていてはいけませんよ。

No.43 オトリ効果

週末、山のように入る新聞の折込広告の中でもひと際目につくのが、大手家電量販店のチラシです。そこに掲載されている目玉商品の安さには目を見張ります。だてに「安値世界一」と宣言してはいないようです。

特に新規オープン時には、購入後そのままオークションに出しても儲かりそうな、信じられないような値段がつけられています。

しかし、店側もＮＰＯ感覚、ボランティア感覚でそんな値段をつけているわけではありません。そこには、いくつかの目的が隠されているのです。

まずひとつは、新しい店舗を地域住民に認知してもらうという目的。オープン前から大行列ができる価格設定にすることで、その店の存在を知ってもらい、リピーターを獲得する目論見です。ポイントカードを作ってもらうことができれば、リピート率も高くなります。

次に、目玉商品を買ってくれた人の、「ついで買い」も見込んでいます。平均価格10万円の商品を5万円で買った多くの人は、自分は5万円得をしたと考えます。すると、「残りの

5万円で他のものを買おう」となります。全員がそう考えるわけではありませんが、一定の割合でそのような人がいるものです。

また、残りの5万円を全部使わないにしても、1万円分何かを買ってもらうことができれば、十分においしいお客様だし、目玉商品を個数制限で買えなかった人のついで買いも見込めます。

三つ目に紹介する「陳列戦略」こそ、採算度外視の目玉商品を作る大きなメリットとなります。平均価格20万円のブルーレイレコーダーを8万円にして目玉商品にしたとします。広告を見た人は、それを目当てに来店するのですが、ふと横を見ると、テレビも観られて録画できるAVパソコンが15万円で置いてあります。

8万円でブルーレイレコーダーを手に入れるか、15万円でテレビ機能もブルーレイもついた新しいパソコンを手に入れるか。目的のブルーレイレコーダーは本来20万円の品なので、それより5万円も安い。

これもまた、一定の割合で15万円のAVパソコンのお客様になるという寸法です。つまり、本来の目的から潜在的なニーズを掘り起こし、利益率の高い商品を購入してもらう陳列を仕掛けておくのです。

このように、前もって提示された目玉商品により、購入決定という心理的な壁が崩れる現象を「オトリ効果」と言います。

つまり、オトリ効果によって、お客様はすでに買うことが決まっているのです。来店した時点で、お客様は買う気満々の超・見込み客となっていますから、オトリとなる目玉商品を設定することは、「損して得取れ」どころではなく、「損しないで得取れ」の戦略なのです。

それでは、「オトリ効果」をウェブに落とし込んでみましょう。

ここでは、ネット広告を出す場合を考えてみます。折込広告同様、ネット広告でも目玉商品を前面に出すことは常套手段ですが、広告からリンクを貼っているページにひと工夫をします。

家電量販店であれば、激安ブルーレイレコーダーの広告を出し、広告から飛んでくると、その商品に加えてAVパソコンも紹介してしまうのです。

「あなたは、このブルーレイレコーダーに興味を持っているみたいですが、こっちのAVパソコンなら○○」

直接、そんな表現をするわけにはいきませんが、それとなくこちらの商品のほうがお得だということをアピールできれば勝ちです。

無料レポートでハウスリストを集め、そこへ商品を宣伝するという戦略は有効な手法ですが、無料を蜜に集まってきた見込み客は、あくまで無料のお客様と言い換えることができます。もっと言ってしまうと、無料のもの以外は興味を持たない人が多いようです。

そんな人の財布の紐を解くのはむずかしいことです。であれば、ハウスリストが煮詰まってきた段階で、気軽に購入できる金額の商品の紹介に力を入れてみてはいかがでしょうか。

要は、一度でいいからお金を落としてもらい、商品のよさをアピールするのです。

「この価格でこんなに質の高い商品なら、高価な商品はもっとすばらしいんだろうな」と思わせる段階まで踏ん張ってみてください。時間はかかりますが、低価格のオトリも使い方しだいです。

商品単価がどれも低いようであれば、100円セールといった均一セールが効果的です。100円ショップや1，000円ショップが繁盛しているのは、手軽に手が出せる価格設定にすることで、「ついで買い」を誘発しているからです。

均一セールの場合、目玉商品があるわけではなく、均一価格そのものがオトリになります。植木鉢を買ったついでに、土もスコップも如雨露もホースも、あれもこれも買ってもらう。「こんなに買っても1，000円なんてお得！」。単純かもしれませんが、こんなものです。

このような戦略があってはじめて、オトリがオトリとして機能してくるのです。

とかくイメージの悪いオトリという言葉ですが、使い方しだいで、お客様の満足度と売上の両方を満たすことができるのです。

NO. 44 寛大効果

スマホの普及によって何百、何千という楽曲を手軽に持ち運べるようになっただけでなく、AppleMUSICやLINE MUSIC、AWAを代表とする音楽系サブスクリプションサービスにより膨大な曲をいつでも聴けるようになりました。それでも、ある程度の年齢の方であれば、「ドライブのときはこれ！」といった、お気に入りのアルバムが1枚や2枚はあると思います。いわゆる「お気に入りの1枚」というやつです。

では、その1枚を思い出してみてください。収録されている曲のすべてがあなた好みの曲でしょうか？　その円盤の中には、毎度毎度飛ばしてしまう曲も混じっているのでは？　それこそ、「イントロドン！」で飛ばしてしまうような曲が入っていても、人はそのアルバムを最高の一枚と絶賛するのです。

これは、心理学でいう「寛大効果」が働いているためです。

寛大効果とは、自分にとって好ましい特徴があれば、それをさらに好ましいものとしてとらえ、好ましくない特徴が含まれていても、それほど悪いわけではないと寛大な評価をする

ことです。

お気に入りの1枚の場合、ベストソングはよりいっそう好ましく感じ、バッドソングもそれに釣られて寛大に評価し、総合的に見て最高のアルバムと評価するわけです。

人事部の仕事は平等な評価が鍵となりますが、プロ意識が低い社員の場合、対象者と仲がよかったり、同じ大学の出身だったりすると、ついつい甘い評価をしがちです。多少の遅刻癖や実績不足には眼をつむってしまう気持ちはわからないわけではありませんが、人事部の社員教育で、この寛大評価を教えることが多いのは、平等な人事考課のむずかしさがあるからです。

スーパーで豚肉を選ぶとき、400円の輸入豚と、賞味期限間近で割引シールが貼られた450円の国産黒豚があったとします。あなたはどちらを選びますか？ 50円程度の差であれば、割高というマイナス点を寛大に評価し、安全性やおいしさを選ぶのではないでしょうか。

ただ、ここで50円安い400円の輸入豚を選ぶ主婦こそ主婦の鏡と言えるかもしれないし、そういった人こそ、人事部で活躍する素質を持っているのかもしれません。

それでは、「寛大評価」をウェブに落とし込んでみましょう。

ホームページ上で物を売るには、ときに商品のデメリット、マイナス要素をかき消すほどの魅力を作り上げ、訪問者にいかにアピールするかという工夫が重要になってきます。

一般的に広告経由の訪問者は質が低いと言われますが、GoogleAdWordsには、さまざまオプションが用意されています。これらを上手く活用することで、訪問者に良いイメージを与える先行情報を植え付けることができます。ここでは、代表的なオプションを紹介します。
・サイトリンク表示オプション
ホームページの各ページへ直接リンクをはり誘導できるオプションです。少し面倒ですが、リンク用のテキストに加えて広告文も2行分のスペースがあるので、しっかりと書いておきましょう。
・電話番号表示オプション、住所表示オプション
その名の通りのオプションです。住所表示オプションはGoogleマイビジネスの登録が必要になりますが、Google Mapの表示を加筆修正できるようになるので、これは登録しておきましょう。
・コールアウト表示オプション
商品やサービスの詳細を表示させるオプションです。通常の広告文には書ききれなかった情報を追加しておきましょう。期間限定キャンペーンの訴求も選択肢としてはありです。
・構造化スニペット表示オプション

商品やサービスの設備、スタイル、タイプ等の特性を並べることができるオプションです。学位プログラムや保険の保障といった業種が限定された特性もあります。他のオプションに比べて審査が厳し目ですが、設定しておいて損はありません。

・価格表示オプション

タイプ（商品やカテゴリ、イベント）を価格と共に表示できるオプションです。通販サイトの場合はショッピング広告と併用すると有効ですが、サービス業であっても活用できるケースもあるので、どのようなタイプがマッチするか確認してみましょう。

このように、広告表示オプションにはさまざまなものがありますが、できるだけ多くの種類を設定することが有効なのは言うまでもありません。その方が、広告の表示面積が広がりクリック率が高くなるケースがほとんどだからです。

また、各オプションで設定できる項目の上限数は異なりますが、可能な限り設定しておくことをお勧めします。競合と同じ入札価格であれば、クリック率が高い広告の方を「検索ユーザーにとって価値のある広告」と判断して上位に表示される可能性があるからです。

Googleが提供するオプションを正しく使い、御社の商品・サービスが優れている点を数行の広告文でアピールすることができれば、自ずとホームページの反応も良くなるはずです。

NO.45 同調効果

私の住む埼玉県には、桜と菜の花の競演が楽しめる権現堂堤（幸手市）、芝桜が一面に植えられた羊山公園（秩父市）、１００万本の曼樹沙華が見事な巾着田（日高市）等、シーズン最盛期には何万人もの人が訪れる観光スポットがいくつもあります。

そんな観光スポットには、必ずといっていいほど出店が並んでいます。お好み焼きにたこ焼き、わた飴に焼き鳥。花より団子という言葉もありますが、出店には、ふだん数十円の節約のために、わざわざ遠くのスーパーまで足を運ぶ主婦の財布のヒモさえ緩ませてしまう、不思議な魅力があります。

その魅力の正体は、観光スポットの人ごみによる精神状態の興奮に他なりませんが、そのような心理が購入を促進する現象を「同調効果」と言います。観光スポットやお祭りの人ごみに身を置くことで、まわりの活気が心に乗り移るというわけです。

近年のクリスマス商戦は異常です。１ヶ月以上前から街がクリスマス色に染まり、マスコミもそれを取り上げます。主要なホテルは何ヶ月も前に予約でいっぱいになり、ブランド品

がジャンジャン売れる。ワールドカップの年だけサッカーファンが増殖するように、この時期、街はクリスチャンで溢れ返ります。

「他の人はみんなこんなことをするから、自分もそうしなきゃいけない」という心理も同調効果の一例です。

同調効果のポイントは、人々の心理を非日常化させることにあります。

百貨店がしのぎを削るデパ地下を思い出してみてください。上階の化粧品売場からエスカレーターを降りると、突然お祭りのような喧騒が襲ってきます。惣菜屋の暖簾や、威勢のいい魚屋のかけ声、炊き立てのおこわや焼き立てのパンのいい香り。狭い通路を身をよじらせながら歩いていると、あたかもお祭りに来たような感覚になります。

これが、小ぎれいな店ばかりでシーンと静まり返り、広い通路を悠々と歩ける場所だったら、つまらないと感じるのは私だけでしょうか。流行っているデパ地下には、非日常を感じさせる工夫が随所に詰め込まれているのです。

それでは、「同調効果」をウェブに落とし込んでみましょう。

ポイントは、やはり非日常化ということになります。ビジネスホテルやカプセルホテルはさておき、観光ホテルや高級なホテルは非日常性をアピールする必要があります。旅行とは、そもそも非日常を求める行為ですから、それを受け止めるだけの演出が大切です。

演出に効果的なのが写真です。そこで、露天風呂や豪華なロビー、豪勢な料理の写真にひと工夫します。

露天風呂であれば、夜暗い中、照明を効果的に活かした写真は、昼の撮影より幻想的な一枚になるはずです。ロビーも同様で、強い日が射す写真では、そこらの温泉施設と何ら変わりなく見えてしまうし、豪勢な料理も色あせた写真では、見ただけでまずいという印象を持たれかねません。光と影のコントラストや差し込む陽光、湯気や霧を巧みに取り入れ、非日常を演出していってください。

人ごみによる同調効果を活用している好例は、クラウドファンディングのサイトで見ることができます。クラウドファンディングとは、クリエイターや企業が製品やサービスの開発に必要な資金をネットで広く募ること。寄付者には何かしら特典がつくことがほとんどで、日本にもメジャーなサイトから地域に特化したものまでさまざまなクラウドファンディングサイトがあります。

成功例は無数にありますが、ゲーム開発などは数億円集まるプロジェクトがいくつもあるから驚きです。また、お笑い芸人のキングコング西野氏は絵本「えんとつ町のプペル」の個展を入場料無料で開くためにクラウドファンディングを利用。目標金額180万円に対して、なんと4,600万円以上集まりました。その後、絵本が大ベストセラーとなっただけでなく、ネット上で全ページ無料公開することで業界に一石を投じて話題になりました。話は逸れましたが、ほとんどのクラウドファンディングサイトの共通点こそ同調効果の好例なのです。

それは、「現在何人が総額いくら寄付しているか」や「目標額の達成度」が一目でわかる機能。多くのパトロンのいるプロジェクトの方が達成する確率が高いだけでなく、同調効果によるワクワク感が増すため、優先的に内容を確認してしまいます。

もちろん、クラウドファンディングの本質は自分が応援したいプロジェクトに寄付することですが、すでに多額を集めているプロジェクトに人気が偏るのも仕方ない話なのです。

同調効果を狙った非日常的な演出は、さまざまな応用ができます。大切なのは、商品に応じたスパイスのきかせ方です。お祭りやクリスマスの本質を理解し、最高のスパイスを作り上げてください。

NO.46 マッチングリスク意識

ダイエット食品やエステサロンのメニューには共通点があります。

それは、お客様個々に効果が異なるという点です。同じダイエット食品を食べ続けて、5kg痩せる人もいれば、1kgも変わらない人もいます。エステに1ヶ月間通って、肌がツヤツヤになる人もいれば、半年通っても効果が見られない人もいます。

そんなことは誰もがわかっていることですが、やってみないとわからないという点は、購入の大きな壁となります。

ダイエット食品を買ったのに効果がなかったらどうしようという不安、美顔メニューが自分に合わなかったらどうしようという不安。そのような心理を「マッチングリスク意識」と言います。

どんな商品であっても、購入時にはいくらかの不安がつきまとうものですが、実際に使ってみないと効果がわかりにくい商品は、とくにその不安が大きいものです。

それでは、見込み客の不安を取り除くにはどうすればいいのでしょうか？

実績を示すのはたしかに有効な手法ですが、実績だけで完全に不安を取り除くことができるでしょうか？　答えはＮＯです。実績というものは、あくまでも他人が受けた効果にすぎないからです。

「期待」をプラスの心理とすると、「不安」はマイナスの心理です。マイナスを0、ニュートラルの位置まで持っていくのはたいへんなことです。

本当の意味で不安を取り除くには、その人に対して直接安心を与える必要があります。そうしてはじめて、マッチングリスク意識を減らすことができるのです。

ダイエット食品であれば「お試しセット」、エステサロンであれば「無料体験」、塾であれば「体験入塾」。実際に、商品やサービスを受けてもらうのが一番です。

その商品が本当にいいもので、心理的にニュートラルの位置になると、よりいいものはないか？　という欲が出てきます。そこではじめて実績という武器が他社との差別化となり、重要になってくるのです。

化粧品メーカーが、ＣＭで大々的に無料お試しセットを勧めてくるのも、エステサロンが無料お試し体験をアピールするのも、そんなことを考えているからこそです。一部、強引なクロージングを目的にしている会社もあるようですが、そんな会社は間違いなく長続きしません。

それでは、「マッチングリスク意識」をウェブに落とし込んでみましょう。

テレアポ代行を業務とする有限会社リンクアップスタッフのネット集客が好調な理由は、「テレアポ」で検索した際、何年間も上位に表示され続けていることが理由の1つです。

しかし、検索で上位表示に成功しアクセスが集まっても、顧客獲得できない会社はいくらでもあります。

実は、リンクアップスタッフはテレアポ代行サービスに「全額返金保証」をつけています。テレアポをした結果、1件もアポを獲得できなかった場合は企画料金に加えて1件いくらというテレアポ料金もすべて返金しているのです。この施策のおかげで、「もし、1件もアポが取れなかったら無駄金になる」という見込み客の不安は一気に解消されます。

テレアポ業界には成功報酬型の料金体系にしている会社は無数にありますが、全額返金保証は少ないため強烈な差別化となっているのです。

「返金保証なんて、負担が増すだけじゃないか」という人もいると思います。たしかに、お客様の半分が返金を求めてくれれば、金銭的な負担はかなりのものになります。大赤字で会社が傾いてしまうかもしれません。

しかし、よく考えてみてください。あなたは返金保証のあるサービスを受けて、実際に返金を求めたことはありますか？　返金保証とは違いますが、クーリングオフを申請したことはありますか？　ほとんどの人はないはずです。

こんなこと言うと誤解を招くかもしれませんが、たとえ商品に満足していなくても、返金を求める人は意外に少ないものです。正確なデータはありませんが、多くても1～2％と言われています。

とくに、起業したての会社や知名度が低い会社こそ、返金保証を導入するメリットは大きいものです。返金保証による売上アップは、返金保証のリスクを必ず上回ると断言してもいいでしょう。

返金保証はリスクリバーサルとも呼ばれ、さまざまな業種でマッチングリスク意識を回避する施策を垣間見ることができます。そんな状況の中で、あなたが何も手をつけないということは、あなたの会社にとって大きなリスクになりかねません。リスク回避として、ぜひ返金保証の導入を検討してみてください。

NO.47 準拠集団

春、新入社員は真新しいスーツを身につけ、社会人としての新生活をはじめます。そして1ヶ月もすると、いくつかのグループができ上がってきます。小さな会社では、先輩社員のグループに入ることもありますが、それぞれ何らかのグループに身を置くようになるのが一般的です。

グループのメンバーは、自然に価値観やライフスタイルが似た人が集まる傾向にありますが、心理学の世界では、そのようなグループを「準拠集団」と呼びます。

大きな会社であれば、社内にはいろいろなタイプの集団ができるはずです。飲み会が好きな集団、フットサルが好きな集団、ロードバイクが好きな集団などです。複数の集団に属する人もいますが、それでもメインとなる集団があるものです。

女子高生の集団力にはいつも驚かされます。今ではあまり見かけませんが、茶髪にルーズソックス、短縮言葉等、とくに東京の女子高生の流行伝播速度は本当にすごいものがあります。突出した1人のリーダーがいるわけではないのですが、ある意味、「東京の女子高生」

という準拠集団が存在しているわけです。準拠集団には、他の準拠集団の意見には聞く耳を持たないという傾向があります。

いくら大人が、「ガングロなんて、将来シミだらけになって後悔するだけだよ」、「ブームが終わったらどうする気なの？」と忠告しようが、どこ吹く風です。

逆に、あなたが女子高生に、「何そのネクタイ。おじさん臭～い」と笑われても変えようとしないのと同じです。それは、女子高生の準拠集団に入っていないからです。そして、恋人や奥さんの忠告に耳を貸すのは、あなたが身内という準拠集団に入っているからに他なりません。

デパートの紳士服売場には、若い女性の店員も働いています。スーツを試着すると、その店員さんはたいていこう言ってくれます。「お客様、よくお似合いですよ」と。

ただ、私服ならまだしも、仕事専用のスーツを買うときには、若い女性より同年代の男性店員に担当してほしいのが本音ではないでしょうか。

それは、同年代の男性という準拠集団の構成員から意見を聞きたいという心情からです。

それでは、「準拠集団」をウェブに落とし込んでみましょう。今度は、あなたが紳士服売場の店員になる番です。

マーケティングにおいて、セグメンテーションとターゲティングは今も昔も変わらず重要です。
年代：10代、20代、30代、40代、50代以上
性別：男性、女性
年収：300万円以下、300万円～、400万円～、600万円～、800万円～、1,000万円～
居住地：都市部、地方
ざっくりとした例ですが、このように市場を細分化することをセグメンテーションと呼び、この中から標的を「年収300万から400万円の地方に住む20代の男性」と絞り込むことをターゲティングと言います。
ホームページの訪問者を集めるにも、この手法は有効になります。キーワード「転職 50代」や「エステサロン 宇部市」のようにターゲティングした地名や年代を含んだ検索に対して、適したコンテンツを用意することや広告を出すことは、もはや常識になりました。
Facebook広告はあらかじめ用意された豊富なセグメントが特徴です。オーディエンス（広告配信の対象者）として選べるのは、地域や年齢、性別といった基本的な項目だけではありません。
・利用者層：学歴、仕事、子供の有無、交際ステータス等

・趣味・関心：スポーツ、ビジネス、買い物、食品等
・行動：シーズン、旅行等
これはほんの一例で、実際はここからさらに細分化されるのですが、自社のターゲットに合うFacebookユーザー＝有望な見込み客となる準拠集団に向けてピンポイントに広告を配信できるのです。

結婚式場やアパマン業界であれば、ライフイベントや交際ステータスから「婚約中」を選ぶ。アパレルであれば、趣味関心から「ブティック、ショッピングモール、サングラス」を選んだり、ライフイベントで「30日以内に記念日を迎える」なんてセグメントもあります。

Facebook広告のセグメントは確認できただけでも600以上用意されていて、更新し続けています。広告管理画面の「詳細ターゲット設定」に何かしら入力すると候補がいくつも表示されるので、自社にとってのお宝セグメントを探してみてください。

NO. 48 自己開示

部活動で苦楽をともにしたり、結婚して長く一緒の生活をしていると、仲間意識や情と呼ばれる感情が芽生えてきます。それは、同じ時間を共有し、ときには衝突することで発生するものですが、もうひとつ、「自分をさらけ出した」というのも大きな要因です。

自分をさらけ出すという行為は、なかなかできるものではありません。それがわかっているからこそ、相手にそうされると、信頼できる人としてインプットされるのです。

心理学の世界では、自分をさらけ出すことを「自己開示」と呼びます。己を開いて示す。文字通りですが、なかなか奥深い言葉です。

自己開示は、ときにコミュニケーション手段として活用されることがあります。タイミングを計って、意図的に自己開示することによって、相手との距離を一気に縮めることができるからです。とくに、日頃自分の話をしない人が、自己開示をすると効果的であり、なかなか落とせないクライアントに、身の上話をして親しくなるという方法もあります。

では、「自己開示」をウェブに落とし込んでみましょう。

Ｆａｃｅｂｏｏｋはご存知の通り、実名制のＳＮＳです。あなたが選んだ友だちにもよりますが、タイムラインに流れてくる記事はたいてい仕事がうまくいった話や豪華な旅行、グルメのような、いわゆる「リア充」の投稿が多いと感じたことはありませんか？　そのため、「ＳＮＳ疲れ」という言葉が生まれるのも大いに理解できます。

そんな投稿の中で、自分の弱い部分や失敗談を交えた投稿を見て、ついつい〝いいね！〟を押したという経験は、まさに自己開示の効果と言えます。

とはいえ、自分が投稿をする際、自己開示を狙って毎日のようにネガティブな投稿ばかりしていると、さすがに友だちも嫌気がさすと思います。たまに本音をポロッと漏らすくらいであれば、応援してくれる方が増えるのではないでしょうか。ネガティブな話題から入って、ポジティブに締めるといった流れもいいかもしれません。

また、自己開示はＳＮＳのタイムラインの中だけではなく、ホームページのプロフィールでも有効活用したいものです。

一流大学を卒業して、大手企業に就職して、大きなプロジェクトを何件も成功させて、起業したというストーリー。それはそれで結構ですし、そのような見せ方もありだと思います。ただ、「吊り橋効果」でも書いたように、プロフィールの中に山と谷を意図的に作ることを検討してみてください。

嘘はいけませんので、実際にあった大病、借金、知人の裏切り。そこからの逆転劇、復活のストーリーを盛り込むことで、普通のプロフィールから共感を呼ぶプロフィールへと様変わりします。

これはプロフィールとは別のコンテンツとして掲載してもいいと思います。

名古屋の税理士永江将典氏のホームページ「相続税に強い税理士ナガエ」には、「相続税の申告業務を始めた理由」というコンテンツがあります。

財産分与で悩んだこと、土地の名義変更で法務局に5回も通うことになったこと、知ってるか知らないかで相続税額が大きく変わること等を自身の相続税申告、実体験をベースに本音を自己開示。訪問者の心に刺さる読み物コンテンツとなっています。

また、この文章の1，500文字という文字数がもう1つのポイント。Googleにコンテンツ不足と低い評価を受けることもなく、何より、一般的な訪問者にとって、長すぎず短すぎずのちょうどいいボリュームなのです。

この本の中で、弊社サービスの値付けやホームページの表現等について、本当の狙いや裏側を自己開示しました。正直、ここまで書いてしまって大丈夫だろうか？　と迷う箇所もありましたが、自ら書籍の内容を実践することで共感を得られるはずだと思っています。

また、私のＴｗｉｔｔｅｒのタイムライン最上部には、匿名の質問サービスとして人気の

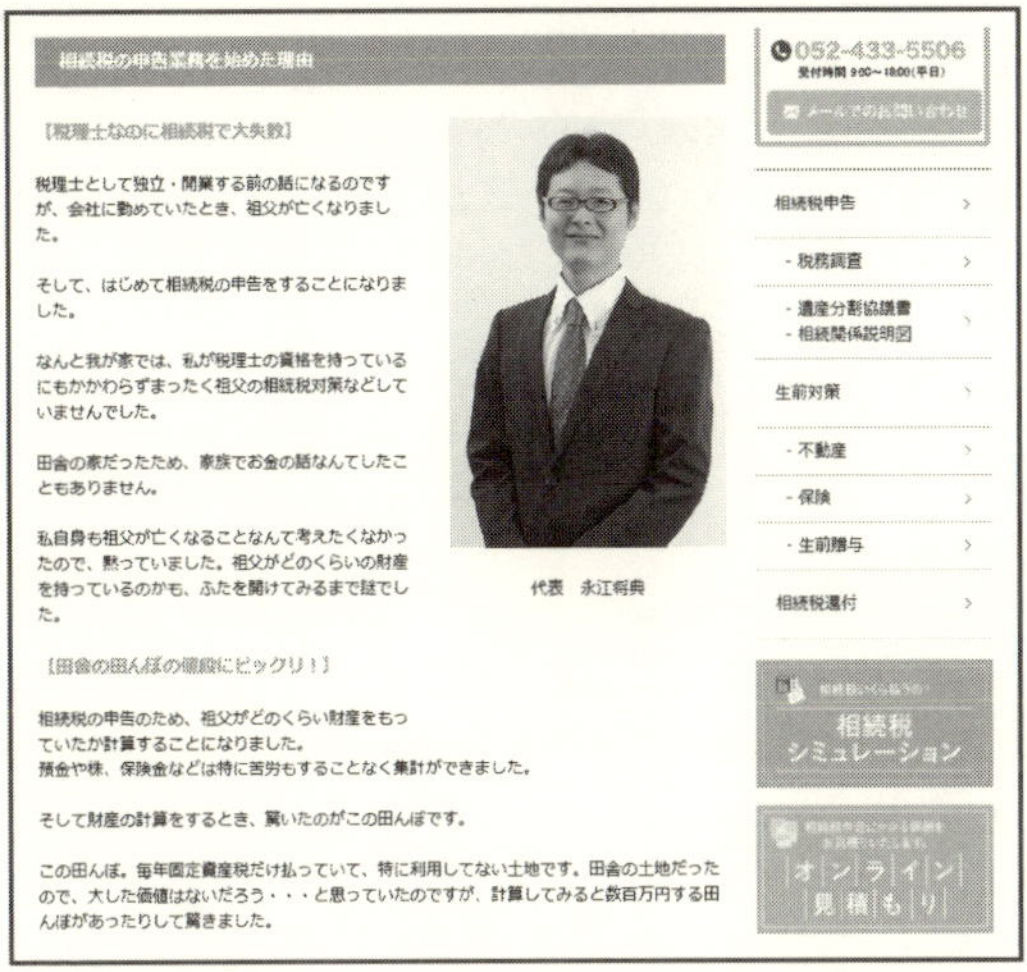

相続税申告に強い税理士ナガエ／永江将典税理士事務所　　http://nagae-sozoku.tax/

Ｐｅｉｎｇやサラハの ＵＲＬを固定してあります。こちらから疑問、質問を聞かせていただければ、さらなる自己開示があるかもしれません。

NO. 49 モデリング

「子は親の背を見て育つ」――子供がいる方なら、大きくうなずく慣用句です。思わず吹き出してしまうくらい、子供は親の口癖や立ち居振る舞いをコピーします。まさに、鏡を見るような感覚に襲われることもしばしばです。

これは「モデリング」と言い、何かを見本、お手本にして、動作や行動を真似することや、真似したくなる心理を指します。

お笑い芸人の一発芸や漫画の登場人物の口ぐせが流行になりやすいことも同じ現象です。逆に、芸を流行らせたいなら、子供でも真似のしやすい芸を考えることです。

大人になっても、ファッション誌のモデルが身につけている服がほしくなったり、芸能人の真似をしてしまうのも、モデリングの心理が働いているからです。

これを意図的に活用したものが、タイアップ広告と呼ばれるものです。モデルが身につける服やジュエリーを、広告として企業側がお金を払って提供する手法です。ファッション誌は、そういった意味でもおいしいビジネスモデルを築いていると言えます。

タイアップ広告にはいろいろな形があります。よく見かけるのが、映画のキャンペーンと称して、自社商品をプレゼントするパターンです。映画のターゲット層によっては、今までアプローチできなかった人に認知してもらうことができるのが最大のメリットです。

雑誌の中で、まるで記事のような広告がありますが、あれも一種のタイアップ広告です。見慣れた人にとっては一目瞭然ですが、一見、広告には見えないので、飛ばし読みされる率は低いと言われています。これは、記事広告と呼ばれることもあります。

あなたの会社にも「Aさん（主に元アイドル）によるインタビューのお願いなのですが？」と、あたかも取材の申し込みのような電話がかかってきたことがあると思いますが、これが記事広告です。

記事広告が載った雑誌を「取材を受けました」といってホームページに堂々と掲載し、ブランディングしてる人がいますが、これは個人的には逆効果だと思います。

ただ、その雑誌に普通に広告を出すよりも費用が安いケースもあり、露出という面でのメリットを考えると、決して悪い広告ではありません。

モデリングを強く意識したタイアップ広告は、映画やドラマの中で使われる家具や小道具に見ることができます。女優が手にした携帯電話やパソコンで、メーカー名や機種名がはっきりわかるものがあれば、ほぼ間違いなくタイアップ広告です。

これも効果は抜群のようで、放送直後から「Aさんが使っていた携帯電話は何ですか?」「あのカッコいいパソコンは何ていうパソコンですか?」というお問い合わせがあるそうです。

それでは、「モデリング」をウェブに落とし込んでみましょう。

ウェブにおけるタイアップ広告は、大手ポータルサイトでよく見かけます。代表的なのが、グルメ情報のポータルサイトにある「特集」です。

「二次会にお勧めの店」、「歓送迎会にお勧めの店」のような特集は、サイト運営者が「この居酒屋は金曜夜でも席だけで予約できるから二次会に適しているな」と判断して掲載しているわけではありません。

「二次会にお勧めの店という特集ページを作るのですが、いかがですか? 掲載料は30万円になります」というカラクリなのです。

この話を聞いて、「ポータルサイトの広告収入モデルはうらやましいな」と思われる方も多いでしょうが、あなたのホームページでもタイアップ広告ができないかを考えてみてください。

街の小さな眼鏡屋であれば、近所のアパレルショップと提携することで、ホームページを華やかにできます。

モデル（スタッフでもＯＫ）に、アパレルショップで借りた服を着せ、バッグを持たせて、写真をパチリ。眼鏡は自社商品なのは言うまでもありません。

そして、写真の傍には眼鏡の商品名だけではなく、服やバッグの情報もアパレルショップの紹介とともに掲載します。そう、ファッション誌をウェブで再現すればいいのです。

訪問者に、眼鏡と服のトータルコーディネートを提案できるし、お互いのホームページで紹介し合えば、ＷＩＮ－ＷＩＮのお手軽タイアップが可能になります。

街の商店街がショッピングモールに押されて衰退している今日、商店街をあげた集客への取り組みが課題となっています。であれば、ウェブにおいても店舗同士の戦略的なつながりを求めてみてはいかがでしょうか。

大手のお買い物ポータルサイトに出店しても、波に乗るトップ数パーセントの店以外、出店料を取り戻すことすらむずかしくなってきているのが現実です。

これまでは、ＳＥＯ対策を施して各種ネット広告を駆使することで、小さな会社が少ないコストでネットの世界で勝つことができたのですが、全体の流れとしては「大が小を食う」という、当たり前の法則が成り立ってきています。

小さな会社がネットの世界で生き残るには、未だ活気ある商店街のモデリングに、その方法が隠されているのです。

NO. 50 相乗効果

ここまで、49に分けて心理学の効果や理論、そして、それをどのようにウェブに落とし込むのかを解説してきました。

勘のいいあなたならおわかりだと思いますが、これらのノウハウは、どれかひとつだけを単独で使うよりも、複合的に実践することでより強い効果を発揮します。

例えば、ハロー効果を狙ったキャッチコピーとバンドワゴン効果を狙った写真の組み合わせ。ザイオンス効果を狙ったリマーケティング広告と「残り2品のみ」のように希少性の原理を応用したコピーなどは非常に効果的です。

このように、複数の要素を噛み合わせることで、単体で得られる以上の成果を上げる現象を「相乗効果」と言います。

もちろん、すべてを一度にあなたのホームページに導入することは困難ですから、最初の一歩はハロー効果あたりからはじめてみてはいかがでしょうか。

本書の中には、ホームページやオウンドメディアといったWEBメディアだけでなく、コ

ピーライティングやリスティング広告、ＳＮＳの活用法、そしてリアルマーケティングなど、あらゆる要素を詰め込みました。

それは、小さな会社がさらにこれからの10年を生き残るには、これらを組み合わせた相乗効果を狙った戦略が必要不可欠だからです。

「3人寄れば文殊の知恵」という言葉がありますが、ＷＥＢメディアも同じです。幸いネット上では、比較的小予算でメディアを立ち上げることができます。今回は詳しく書けませんでしたが、いわゆる動画広告はまだまだ伸び代のある分野ですし、スマホアプリの開発はさらに敷居が下がりスマホ利用時間の奪い合いが続くでしょう。

正直、ちょっとしたノウハウさえ知ってしまえば、あるレベルまでは短期間でメディアを強くすることができます。後は、それらのメディアを一直線に並べるのではなく、網目のように結び、相乗効果を発揮させていくのです。

これからも世界は急速に進化を遂げていきます。

ＡＩ（人口知能）を搭載したロボットや家電、自動運転車が仕事そのものの概念を変えていきます。インターネットに匹敵する発明と言われるブロックチェーン（分散型台帳技術）は仮想通貨だけではなく、電子カルテやあらゆる証明書の在り方を変えていきます。さらに高精度になったＧＰＳは数センチ単位で我々の位置情報を正確に捉えるでしょう。

これら技術の最先端、先頭を歩くことは正直、ほとんどの企業にとって縁のない話かと思います。ただし、これらの技術革新により何が変わるかを知っておくこと、覚悟しておくことは大事です。もし、それらの技術に乗っかる形でもいいのでビジネスを展開できれば、次の10年に飛躍という文字も見えてくるはずです。

相乗効果はウェブやメディアだけに限ったことではありません。社員教育のしっかりした飲食店でも、料理の味がまずければ固定客はついてくれることはありません。駐車場がなければ集客はむずかしいかもしれないし、広告を出さなければ誰にも知ってもらえないかもしれません。

重要なのは、業績改善の策を知り、実践する優先順位をつけることです。そして、最も重要なことは、実際に行動に移すということです。

成功すれば儲けもの、失敗しても勉強になる。そうでも考えなければ、何も前には進みません。現状を変えるには知恵と行動、そして勇気が必要です。

各項の「ウェブへの落とし込み」に書いたノウハウは、時代とともに進化を求められるものや、淘汰されていくものもあるでしょう。しかし、古人の知恵の結集である心理学は、そうそう色褪せることはありません。心理学を戦略の土台に根づかせることで、時代の流れに上手に乗ることができるはずです。

ここまで真剣に読んでいただいたあなたには十分な知識が身につきました。初頭効果が働き、中盤以降を忘れたしまったら、何度でも読み返してください。

あなたのビジネスとこの本がどんな相乗効果を生み出すのか？

ご報告、楽しみにしています。

あとがき

10年前、深夜のファミレスで書いたあとがきにこんな一文が書いてありました。

「ひょっとしたら本書は、10年後の自分に向けた長い長い手紙なのかもしれません。」

恐らく当時は、「親にも家族にも読まれるんだから、かっちょいいこと書いたろ」くらいの気持ちだったと思います。まさか、1万部以上売れ、韓国語に翻訳され、10年後に改訂版の声がかかるなんて思いもよらなかったはずですから。

でも、もしタイムマシンでその時の自分に会いにいけるとしたら、私はこんな話をするでしょう。

「お疲れさま。かなり長い手紙だけど、苦労した甲斐はあったよ。あれから、いろんな切り口で出版したけど、本書（ウェブ心理学）は自他ともに認める代表作。

君は、これからたいしたお金もプランもなく起業することになるんだけど、10年目を迎えられるのは、この本があってこそ。それは、読者がクライアントになってくれたという意味合いもあるけど、迷ったときや困ったときに立ち返る場所を自分のチカラで生み出せたということなんだ。

正直、苦労するよ。あまり言いたくないけど、最初の3ヶ月の売上は5万円しかなかったし、資本金も半年で底をついて、奥さんに『今月もあまり家に入れられない』なんて謝ることにもなる。

ありえない失敗をして、大の大人がクライアントに泣かされたしね。

え？　もう起業しない？　それは運命だからさからえないよ。

もちろん、嬉しいこともいっぱいあるんだ。ホームページをリニューアルしたら売上がグングン上がったり、広告運用でものすごい成果を出したり。そして、そこにはお客様からいただく『ありがとう』という言葉と笑顔がある。そうした結果は本当にウェブ心理学のおかげなんだ。素晴らしい手紙をありがとう」

なんて、またもやくさい話になってしまいましたが、さらに10年後、２０２８年になってもウェブ心理学は十分に通用する原点であり、原典であり続けると確信しています。あとがきを書き終えようとしている、今、この瞬間も。

同文舘出版株式会社の古市編集長。改訂版のお話をいただきありがとうございました。最近、お酒に弱くなってしまったのが心配ですが、次の改訂版も編集をお願いします。

そして、数ある書籍の中から、この本を手に取っていただいた読者の皆様。本当にありがとうございます。著者にとって一番の幸せである、「売上が上がりました！」、「困るくらい集客できちゃいました！」という連絡を心からお待ちしています。

STAY DREAM（長渕剛）が流れる渋谷のオフィスにて

株式会社ココマッチー　代表取締役　川島康平

著者略歴

川島　康平

株式会社ココマッチー　代表取締役

1974年生まれ。明治学院大学経済学部卒業後、(株)朝日ネットに入社。テクニカルサポート、WEB サポート部の部門長を歴任。退職後、ベンチャー企業２社で修行を積みながら２冊の著書を出版。独自のWEB マーケティング理論はメディアからも注目を集める。2009 年３月（株）ココマッチー設立。WEB サイト制作、リスティング広告運用、コンサルティングを中心に事業を展開。神田昌典氏との対談や KDDI の企業研修、週刊ダイヤモンドの特集に取り上げられる等、WEB の範疇を超えた幅広いビジネスモデルやマーケティングの知識に定評がある。著書『あの繁盛サイトも「LPO」で稼いでる！』『ウェブ・デザイナーが独立して年収 1000 万円稼ぐ法』（ともに同文舘出版）等。

新版　お客をつかむ　ウェブ心理学

平成 30 年 ３ 月２日　初版発行

著　者――――川島康平

発行者――――中島治久

発行所――――同文舘出版株式会社

東京都千代田区神田神保町 1-41　〒 101-0051

営業 03（3294）1801　編集 03（3294）1802

振替 00100-8-42935　http://www.dobunkan.co.jp

©k.kawashima

ISBN978-4-495-58032-2

印刷／製本：萩原印刷

Printed in Japan 2018

JCOPY ＜(社)出版者著作権管理機構 委託出版物＞

本書の無断複写は著作権法上での例外を除き禁じられています。複写される場合は、そのつど事前に、(社) 出版者著作権管理機構（電話 03-3513-6969、FAX 03-3513-6979、e-mail: info@jcopy.or.jp）の許諾を得てください。